형식논리와
논술

형식논리와
논술

오 희 천 저

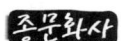
종문화사

들어가는 글

　좋은 글이란 글을 쓰는 이가 자신의 논지를 다양한 자료들에 근거하여 논리적으로 진술하는 것이다. 따라서 좋은 글을 위해서는 무엇보다도 다음과 같은 3가지 요소들이 중요하다. 논지의 건전성, 다양한 정보 그리고 논리적 진술능력이다.

　건전한 논지를 위해서는 건전한 인생관과 세계관이 정립되어 있어야 하며, 건전한 인생관과 세계관의 정립을 위해서는 다양하고 건전한 독서가 필수적이다. 다양한 정보는 직접적인 경험과 독서를 통한 간접경험을 통해 습득된다.

　그러나 건전한 논지와 다양한 정보가 있다고 해서 좋은 글이 탄생하는 것은 아니다. 그 정보들을 논지에 따라 효과적으로 정돈하는 것이 무엇보다 중요하다. 논술이란 바로 이와 같이 다양한 정보들을 논지에 맞게 진술하는 것이다. 그리고 논리적 진술을 위해 가장 중요한 것은 논지를 전개하기 위한 논증구조를 작성하는 것이다. 이 논증구조는 집을 지을 때 설계도와 같은 것이다. 좋은 설계도가 좋은 집의 필수적인 조건이듯이 타당한 논증구조는 좋은 글의 절대적 전제조건이다.

　이 책의 관심사는 건전한 논지가 마련될 경우 어떻게 그 논지를 근거로 해서 타당한 논증구조를 작성할 것인가 하는 것이다. 이런 의도에 따라 이 책은 두 부분으로 이루어져 있다. 1부는 논리학의 중요한 이론들을 다루는데, 그 중에서도 특히 타당한 삼단논법의 조건에 초점을 맞추고 있다. 2부는 1부에서 익힌 논리적 이론에 근거하여 주어진 제시문의 논지를 파악하고 그 논지의 논증구조를 작성하는 연습을 할 것이다. 논술을 준비하는 고등학생과 대학에서 글쓰기를 공부하는 학생들에게 도움이 되기를 바란다.

2007년 8월

오 희 천

차 례

 **_ 논리**

1부 _ 논리

1

예비적 고찰

1. 논리학이란 무엇인가?

논리학(論理學)을 가리키는 영어 logic과 독일어 Logik은 어원적으로 볼 때 그리스어 「로고스」(logos)의 형용사인 「로기코스」(logikos: 합리적인)에서 유래했다. 「로고스」가 「이성, 말, 비율」이란 의미를 가지므로 그 형용사형인 「로기코스」는 「이성에 합당한」,

「이성의 법칙에 합치하는」, 「말이 되는」, 「비율에 따르는」 등을 뜻한다. 그러므로 논리학은 말다운 말이 어떤 것이며, 이성의 법칙에 따르는 사고의 조건이 어떤 것인가를 다루는 학문이다.

논리학이 말다운 말을 다루는 학문이라면 「논리학이란 무엇인가?」라는 물음에서 중요한 것은 말다운 말의 조건이 무엇이며, 이성의 법칙에 따르는 사고의 조건이 무엇인가 하는 것이다. 즉 말이나 사고가 논리적이기 위한 조건이 무엇인가 하는 것이 중요하다. 먼저 이성의 고유한 기능에 관해 살펴보기로 한다.

칸트에 의하면 인간의 이성 또는 순수이성은 크게 세 가지 기능을 가진다. 감성(Sinnlichkeit), 오성(Verstand) 그리고 이성(Vernunft) – 이것은 좁은 의미의 이성으로 이론이성을 의미한다 – 이 그것이다. 감성은 감각능력으로 대상과 접촉하여 그 대상의 정보들을 수집한다. 이 정보들은 감각적 자료인데, 오성은 이 자료들을 종합하여 하나의 대상을 그 대상으로서 판단한다. 그런데 이때 감성은 모든 대상을 다 정보로서 수집할 수는 없다. 감성은 느끼는 능력으로서 그가 느낄 수 있는 것만 느낀다. 감성에는 선천적으로 갖추어져 있는 일정한 틀이 있는데 시간과 공간이 바로 그것이다. 감성은 시간과 공간을 통해 주어진 것들만 자료들로 수집할 수 있다.

그런데 이렇게 수집된 자료들은 아직 정돈되지 않은 상태에 있다. 그 자료들은 잡다하여 정리되지 않았기 때문에 아직 정보로서 가치를 가지지 못한다. 자료들이 정보로서 가치를 가지기 위해서는 그 자료들이 일정한 양식에 따라 정돈되어야 한다. 마찬가지로 하나의 대상에 대한 인식이 성립되기 위해서는 그 대상의 자료들이 오성에 의해 정돈되어야 한다. 오성의 이러한 정돈작업을「판단」이라 한다. 감성이 시간과 공간의 형식을 통해 감각자료들을 수집하듯이, 오성도 감각자료들을 정돈할 때 즉 하나의 대상을 대상으로 판단할 때 선천적으로 이미 갖추고 있는 일정한 형식들을 가진다. 오성은 감각자료들과 관계하기 이전에 이미 이 형식들을 개념으로서 갖추고 있다. 따라서 칸트는 그 개념들을 "순수오성개념" 혹은 "카테고리"라고 한다. 카테고리에 의해 감각자료들이 정돈될 때 대상에 대한 인식이 이루어진다.

그러나 이성의 활동은 감성과 오성에 의한 대상인식에 그치는 것이 아니다. 이성은 직접적으로 경험된 대상으로부터 아직 경험하지 않은 것을 추리하는 능력을 가지기도 한다. 이 추리능력 혹은 추론능력은 좁은 의미의 이성 혹은 순수이론이성의 영역에 속한다.

감성과 오성의 종합작용에 의해 개념이 형성되며, 이 개념이 주어와 술어의 형식으로 표현된 문장이 판단이다. 그리고 이렇게 형성된 판단들로부터 경험되지 않은 결론이 추론된다. 이때 중요한 것은 개념이 개념다워야 하며, 결론이 결론다워야 한다는 것이다.

개념다운 개념을 「건전한」(sound, valid; gesund) 개념이라 하며, 결론다운 결론을 「타당한」(consequent; konsequent) 결론이라 한다.

대상인식과 추론의 절대적인 조건은 오성과 이성의 정상적인 활동이다. 만일 그 활동이 비정상적이라면 인식과 추리는 비정상적이고 비합리적일 수밖에 없다. 그리고 오성과 이성이 정상적으로 활동하여 형성된 인식과 추리를 합리적이고 비판적이라고 한다. 오성의 정상적인 활동에 의해 형성된 개념을 건전하다고 하며, 이성의 정상적인 활동에 의해 형성된 추리를 타당하다고 한다. 따라서 우리는 논리적 혹은 비판적 사고의 두 조건을 확보했다. 개념의 건전성과 추리의 타당성이 그것이다.

2. 개념

2.1. 개념의 건전성

어떤 경우에 개념이 건전하다고 하는가? 건전성의 조건은 무엇인가? 개념이란 어떤 대상이 주관에 의해 상(像)으로서 포착된 것을 말한다. 이것은 영어 concept와 독일어 Begriff란 개념에서 잘 드러난다. 개념은 인식주관에 의해 상으로 잡혀진(정립된) 것이다. 이때 중요한 것은 그렇게 포착된 상이 대상과 「유비적」[1]으로 일치해야 한다는 것이다. 개념이 개념답기 위해서는 즉 그 개념이 논리적으로 가치가 있기 위해서는 대상을 다른 대상이 아닌 바로 그 대상으로서 있는 그대로 모사해야 한다. 이때 그 개념은 「명석한」 개념이 된다.

그리고 이때 우리는 그 개념을 건전한 개념이라 한다. 예를 들어, 책상을 보고 책상의 상이 형성될 때 그렇게 형성된 상 즉 개념은 다른 개념과 분명히 구분되는 명석한 개념으로서 건전한 개념이다. 개념은 카메라에 잡혀진 대상과 같은 것이다. 만일 책상을 보고 신발의 상을 가진다던 그 신발은 상 즉 개념이긴 하지만 건전하지 못한 개념이다. 어떤 개념이 건전한 것은 그 개념이 다른 대상이 아닌 바로 그 대상의 상을 나타낼 때이다. 그런데 오성은 상상력 또는 경험적 구상력에 의해 대상의 상을 형성할 때 다른

---

1 _ 「유비」를 의미하는 라틴어 analogia(동일한 관계, 같은 비율)와 그리스어 analogia는 ana-(하나의, 동일한)와 loçia(비율)의 합성어로 「같은 비율, 조화, 균형」을 의미한다. 실제로는 같지 않지만 비율에 있어서 같다는 것이다. 예를 들면 「2 : 4」와 「4 : 8」은 그 양적인 내용에 있어서는 같지 않지만 비율에 있어서는 같다. 우리는 이 둘의 관계를 「유비적으로 동일한 관계에 있다」고 말한다. 대상과 그 대상의 개념 사이의 관계가 유비적으로 일치해야 한다는 것은 대상과 그 개념이 실제적으로는 같지 않지만 비율에 있어서는 일치한다는 것이다.

대상과 비교하여 그 대상을 다른 대상과 다른 바로 그 대상으로 구분한다. 따라서 건전한 개념은 한 대상을 다른 대상과 다른 바로 그 대상으로 포착할 때 형성된다. 그러나 개념이 대상과 유비적으로 일치한다는 것 즉 그 개념이 명석하다는 것만으로는 아직 건전한 개념의 필요충분조건은 아니다. 형성된 상이 비율에 있어서는 대상과 일치하여 명석하긴 하지만 희미하여 대상을 분간할 수 없을 정도라면 그것은 상다운 상 즉 건전한 상이 될 수 없다. 카메라에 잡혀진 사진이 희미하여 누구인지 분간할 수 없을 정도라면 그것은 사진으로서 가치가 없다. 건전한 개념을 위해서는 개념이 대상에 명석하게 일치하되 동시에 분명해야(deutlich) 한다. 건전한 개념은 대상과 「명석하고 분명하게」(klar und deitlich; clear and distinkt) 일치해야 한다. 「명석하고 분명함」은 건전한 개념의 필요충분조건이다.

명석하다는 것은 한 개념이 그의 내포적 의미에서 다른 것과 명백하게 구분된다는 것이며 분명하다는 것은 그 개념의 외연이 다른 대상과 분명하게 구분된다는 것이다. 내포란 그 대상만이 가지는 고유한 속성들을 말하며 외연이란 그런 속성들을 가진 대상이 미치는 범위를 말한다. 예를 들면, 「두 발로 걷는 동물」이란 개념에서 「두 발로 걷는」은 동물이란 개념의 속성을 나타내기 때문에 그 개념의 내포에 해당된다. 그리고 그 개념의 외연이란 동물들 중에서 「두 발로 걷는」에 의해 한정된 동물의 범위를 가리킨다.

내포와 외연은 서로 반비례의 관계에 있다. 내포가 많으면 외연이 좁아지고 내포가 적으면 외연은 그만큼 넓어진다. 가장 외연이 넓은 개념은 내포가 전혀 없는 「존재」라는 개념이다. 왜냐하면 「존재」라는 개념에는 존재 이외의 어떤 속성도 들어있지 않으며 존재는 존재하는 어떤 것도 아닌 무(無)이기 때문이다.

명석함과 분명함의 의미를 보다 확실히 하기 위해 그 반대 개념들과 비교하는 것이 좋겠다. 명석한 개념의 반대는 애매한 개념이며 분명한 개념의 반대는 모호한 개념이다. 「애매한 개념」이란 의미가 정확하지 않아 여러 가지로 해석될 수 있는 개념을 말한다. 말은 같으나 의미가 다른 개념들이 여기에 속한다. 이것은 「애매한」(equivocal; äquivok)이란 형용사가 라틴어 「aequivocus」에서 기원되었으며 「aequivocus」는 「aeque」(동일한)와 「vocare」(부르다)의 결합에 의해 형성된 것으로 「같은 소리의, 소리가 같은」을 의미한다는 사실에서 보다 분명해진다. 예를 들면, 「말」이란 표현은 애매한 개념이다.

왜냐하면 달리는 말인지 언어라는 의미의 말인지 아니면 곡식을 담을 때 쓰는 도구인 말을 의미하는지가 분명하지 않기 때문이다. 그런데 「달리는 말」이라고 표현하면 그 개념은 명석한 개념이 된다. 그 개념의 내포적 의미가 분명히 드러나 있기 때문이다. 한편 「모호한 개념」이란 그 개념의 외연이 분명치 않아 정보로서의 가치가 없는 개념이다. 「모호한」을 의미하는 라틴어 「ambiguus」

는 「ambi-」(양쪽에 모두 속하는)와 agere(움직이다)에서 유래한 것으로 「이쪽에도 속할 수 있고 저쪽에도 속할 수 있는」을 의미한다. 따라서 모호한 개념이란 그 개념의 외연이 분명하지 않은 개념을 말한다. 예를 들면, 「8월경」과 「8월 20일」을 비교하면 「8월경」은 그 외연이 분명하지 않기 때문에 우리는 그것을 모호하다고 한다.

2.2. 개념과 정의

어떤 개념이 건전하다는 것은 그 개념이 다른 개념과 다른 것으로서 분명히 구분될 때이다. 그리고 그 구분은 명석하고 분명하게 이루어져야 논리적으로 가치가 있는 개념이다. 그러기 위해서는 한 대상을 종과 유에 따라 분류하는 것이 가장 효과적인 방법이다. 우리는 이렇게 종류에 따라 분류되어 분명히 한정된 개념을 한 대상에 대한 「정의」라고 한다.

어떤 대상에 대한 인식은 그 대상을 개념화하는 것인데, 개념화란 그 대상을 그 대상의 고유성에 있어서 정의하는 것이다. 즉 그 대상을 다른 대상들로부터 한계지음으로써 구별하는 것이다. 이렇게 구별하는 것은 한 대상을 종류에 따라 분류하는 것이다. 그리고 종류에 따른 분류는 보다 구체적으로 한 대상을 그가 속한 「최근류」와 그 유에 속하는 다른 종들과의 종차를 지적함으로써 이루어진다. 한 대상을 정의한다는 것은 그 대상이 어떤 유에 속하며, 그 유에 속하는 다른 종들과 어떤 차이가 있느냐 하는 것이다. 정의한다는 것은 종과 유에 따라 구분하는 것이며 종과 유에 따라 구분한다는 것은 그 대상의 최근류와 종차를 지적하는 것이다. 최근류란 무엇이며 종차란 무엇인가?

모든 존재자는 다른 존재자들과 종과 유의 관계에 있다. 하나의 존재자는 분류상 하위의 존재자에 대해서는 유의 관계에 있으며 상위의 존재자에 대해서는 종의 관계에 있다. 최근류란 하나의 대상이 속하는 가장 가까운 유개념 즉 바로 위의 유개념을 말하며, 종차란 같은 유에 속하는 다른 종들과 다른 그 대상만의 고유한 속성을 말한다. 따라서 하나의 대상을 정의할 때는 1) 그 대상이 어떤 유에 속하며, 정확하게 말하면, 그 대상보다 바로 위의 유가 무엇이며 2) 그 대상이 같은 유에 속하는 다른 종들과 다른 어떤 고유한 속성을 가지고 있는가를 지적해야 한다.

3. 논리학의 기본 원리

위에서 우리는 건전한 개념의 조건들을 살펴보았다. 개념이 하나의 대상을 명석 분명하게 구분하여 제시할 때 그 개념은 건전하다. 그렇다면 이렇게 하나의 대상을 다른 것과 다른 것으로 명석 분명하게 구분하는데 적용되는 기본 원리들은 무엇인가. 첫째, 같은 것은 같은 것끼리 분류하는 것이다. 이를 우리는 종류별로 나눈다고 한다. 이런 원리를 동일률이라 하며 「A는 A이다」라는 형식으로 표시한다. 둘째, 다른 것이 같은 것에 들어있어서는 안 된다는 것이다. 이것은 서로 양립할 수 없는 것이 동시에 존재해서는 안 된다는 모순율이며 「A는 -(-A)」(A는 비(非)A가 아니다)라는 형식으로 표현한다. 셋째, 같은 것을 같은 것에 분류하고 다른 것이 같은 것에 들어있어서는 안 된다면 결국 이것은 어떤 대상은 이것이 아니면 저것이어야 한다는 것을 의미한다. 제3의 것은 배제되어야 한다. 이것을 배중률이라 하며 「A는 A ∨ -A」라는 형식으로 표현한다.

위에서 언급된 논리학의 기본 원리들은 아리스토텔레스에 의해 체계화된 것이지만 철학사적으로 보면 이미 파르메니데스에게서 그 원리들이 발견된다. 밀레토스의 철학자들이 만물의 아르케를 만물에서 찾은데 반해 – 비록 그들이 근원이 되는 물질 즉 물이나 불 등을 상징적 의미로 사용했다고 할지라도 – 파르메니데스는 만물의 근원을 만물 중의 하나에서 찾는 것은 논리적 모순이라 생각했을 것이다. 그는 존재자를 두 차원의 존재자로 구분한다. 하나는 진리로서의 존재자 즉 참으로 존재한다고 할 수 있는 존재자로서 영원하여 생성 소멸되지 않는 존재자이고, 다른 하나는 비진리로서의 존재자 즉 참으로 존재한다고 할 수는 없지만 존재하는 것들 즉 현상계의 사물들이 그것이다. 이들 두 존재방식에 관해 그는 「존재자가 있으며, 그것은 비존재가 아니다」고 말한다. 이것은 다시 「존재자가 있다」와 「존재자는 비존재가 아니다」는 두 개의 명제로 나뉘어 진다. 「존재자가 있다」는 명제는 「A는 A이다」라는 동일률의 기초가 되었으며, 「존재자는 비존재가 아니다」는 명제는 「A는 −(−A)」(A는 비A가 아니다)는 모순율의 기초가 되었다. 그리고 이 두 명제들로부터 분명한 것은 존재자는 존재자이거나 비존재가 아니지 존재자이면서 동시에 비존재일 수는 없음이 분명해진다. 즉 존재자와 비존재 사이에 제3의 어떤 것이 있을 수 없다는 것이다. 따라서 제3의 것이 배제되어야 한다는 「A는 A이거나 −A이다」라는 배중률이 형성되었다.

4. 논리학의 기본 유형

일반적으로 논리학이라 하면 사고와 언어의 기본적인 규칙들을 다루는 「형식논리학」을 의미한다. 이런 형식논리학은 아리스토텔레스에 의해 체계화되었으며 동일률을 기본으로 하는데 이 원리는 같은 것은 같은 것끼리 분류하는 것을 말한다. 모순율과 배중률은 동일률의 변형이라 하겠다.

우리는 이런 형식논리학이 인간의 인식구조에 기초함을 보았다. 형식논리학의 기초가 되는 인식구조에 대한 분석을 「선험논리」라 부르는데, 위에서 본 칸트의 인식론 체계가 그것이라 하겠다. 한편 이런 선험논리는 더 나아가 존재자 전반의 존재구조에 기초한다고 볼 수 있다. 선험논리란 인간이란 한 특수한 존재자가 다른 존재자들과 관계하는 존재구조라고 볼 수 있다. 그런데 더 나아가 선험논리는 존재일반의 존재구조에 기초한다고 볼 수 있겠다. 헤겔은 존재일반의 존재구조로부터 인간이란 존재자의 인식구조를 해명하고자 했다. 그는 존재일반의 존재방식을 존재에서 무(無)로의 운동(소멸)과 무로부터 존재에로의 운동(생성)이라고 하여 만물이 끊임없이 운동한다는 헤라클레이토스의 사상을 계승한다. 그는 이런 운동을 존재자가 "스스로에게 관계하는 부정성" (sich auf sich beziehende Negativität) 즉 변증법이라 부른다. 헤겔은 존재자의 기본적인 존재방식인 변증법에 기초하여 인간의 인식구조 특히 카테고리를 해명하고자 한다. 우리는 헤겔의 그런 논리학을 「존재논리」라고 한다.

2

명제

대상을 개념화한다는 것은 그 대상을 다른 대상과의 차이에서 드러내는 것이다. 그리고 이렇게 개념화 된 것은 진술의 형태로 표현된다. 개념화가 12개의 카테고리들에 따라 이루어지듯이 진술형태들도 12개가 있다. 카테고리들과 진술 형식들을 비교하면 다음과 같다.

카테고리

    양 : 단일성, 다수성, 전체성.

    질 : 실제성, 비실제성, 제한성.

  관계 : 실체성과 우연성, 원인과 결과, 상호관계.

  양상 : 가능성과 불가능성, 존재와 비존재, 필연성.

판단 혹은 언표의 종류들

   모든 판단은 오성에 선험적으로 미리 갖추어져 있는 형식들인
카테고리들에 따라 이루어지기 때문에 판단의 종류들과 그 판단
에 대한 언표의 종류들은 다음과 같은 12개의 형식들로 이루어진
다. 이 형식들은 판단의 형식들이 동시에 언표의 형식들이기도 하
다. 그리고 모든 언표들은 주어와 술어가 결합된 형식을 가지는데
이때 판단의 양은 주어를 규정하고 판단의 질은 술어를 규정하며,
양상과 관계는 주어와 술어의 상호관계를 규정한다.

    양 : 단칭판단 : 소크라테스는 철학자이다.
       특칭판단 : 어떤 사람은 학생이다.
       전칭판단 : 모든 사람은 죽는다.

질 : 긍정판단 : S는 P이다.

　부정판단 : S는 P가 아니다.

　무한판단 : S는 비P이다.

관계 : 범주적 관계 : S는 P이다.

　가언적 관계 : 만일 S이면 P이다.

　선언적 관계 : S이거나 P이다.

양상 : 개연적 판단 : S는 P일 것이다.

　실연적 판단 : S는 P이다.

　필연적 판단 : S는 P이어야 한다.

1. 명제의 종류

그런데 진술에는 하나의 사물이나 사실을 그의 객관적 사실성
에 있어서 표현하는 방식이 있고, 사물이나 사실을 다른 사물이나
사실과의 관계 즉 사태연관(Sachverhalt)에서 표현하는 방식이 있
다. 하나의 책상을 보고 그것을 「책상」으로 인식했다는 것은 그

대상을 책상으로 개념화했다는 것이며, 이 개념화는 「이것은 책상이다」는 진술을 통해 표현된다. 이것은 전자의 진술형태에 속한다. 후자의 진술형태 중에서 하나의 진술이 사태의 진위에 관해 무엇인가 주장할 때 우리는 그 진술형태를 「명제」라고 한다. 명제는 어떤 사태에 대한 일반화인데, 이런 일반화에는 공리화된 이론, 전통, 종교적 신조, 귀납적 일반화에 의한 결론 그리고 연역추리의 결론 등이 포함된다. 인간은 명제를 통해 무엇인가를 주장하고 이런 주장을 뒷받침하기 위해 증거들을 제시한다. 이와 같이 증거들을 제시하여 무엇인가 주장하는 것을 논증이라 하는데, 이 논증은 추리를 통해 이루어진다. 앞으로 우리는 논리적 사고의 중요한 조건인 타당한 추리에 관해 살펴볼 것인데, 이를 위해 무엇보다 중요한 것은 주장을 표준형식의 명제로 바꾸어 주는 작업이다. 표준형식의 명제들에는 어떤 종류가 있는가?

명제는 크게 주어와 술어로 구성된다. 그리고 주어가 그 개념에 속하는 모든 대상을 지칭하느냐 아니면 일부를 지칭하느냐에 따라 그 주어는 양적으로 규정되어 전칭과 특칭으로 구분된다. 주어를 양적으로 규정하는 요소를 「양화사」(quantifier)라 하며 「보편양화사」(universal quantifier)와 「존재양화사」(existential quantifier)로 구분된다. 보편양화사란 그 개념에 속하는 모든 대상을 가리키는 양적 규정으로 「모든」이란 말로 표현된다. 존재양화사란 어떤 대상의 일부를 가리키는 양적 규정으로 「어떤」 또는 「일부의」란 말로 표현된다. 명제의 주어가 어떤 종류의 양화사에 의해 규정되느냐에 따라 명제는 「전칭명제」와 「특칭명제」로 나뉘어진다.

한편 하나의 명제는 술어를 규정하는 계사(coupla)의 종류에 따라 긍정명제와 부정명제로 구분된다. 즉 그 명제의 계사가 「~이다」이냐 아니면 「~아니다」이냐에 따라 그 명제의 질이 달라진다. 따라서 명제의 구성요소는 양화사, 주어, 술어 그리고 계사의 네 요소이다. 이 네 요소들의 조합에 따라 명제는 전칭긍정 명제, 전칭부정 명제, 특칭긍정 명제, 특칭부정 명제로 분류된다. 그리고 우리는 「내가 긍정한다」는 뜻의 라틴어 affirmo에서 모음 a와 i를 취하고, 「내가 부정한다」는 뜻의 라틴어 nego에서 모음 e와 o를 취하여 이 명제들을 각각 A명제(전칭긍정), E명제(전칭부정), I명제(특칭긍정), O명제(특칭부정)로 표기된다.

이상의 네 가지 명제들을 「표준형식의 정언명제」라고 하는데, 모든 논증은 이들 네 유형의 명제들을 통해 이루어진다. 따라서 논증의 타당성을 검증할 때 우리는 일상적인 표현들을 표준형식의 정언명제들로 바꾸어 주어야 한다.

1.1. 표준형식의 정언명제

일상적인 표현들을 표준형식의 정언명제로 바꾸기 위해서는 다음과 같은 규칙들이 적용된다.

(1) 술어에 의해 지칭되는 대상이 명시되어 있지 않을 경우는 주어가 속하는 최근류를 찾아 명시하면 된다. 왜냐하면 모든 정의는 종차와 최근류를 통해 이루어지기 때문이다. 술어는 주어와 같은 유에 속하는 다른 종들과의 종차를 나타내는 것이기 때문에 그 종이 속하는 최근류를 지적해 주는 것이 중요하다. 예를 들면, 「모든 인간은 이성적이다」란 표현은 「이성적」이란 종차가 속하는 유개념인 동물을 지적하여 「모든 사람은 이성적인 동물이다」고 바꾸어야 한다.

(2) 단칭명제는 전칭명제로 바꾸어야 한다. 단칭명제는 하나 밖에 없는 사람이나 사물이나 장소나 시간과 관련된 명제이다. 이런 경우는 지시대상이 단 하나이므로 그 하나 전체를 가리킨다. 따라서 단칭명제는 전칭명제와 동일한 명제이다.

(3) 양화사가 없는 명제는 전칭명제 또는 특칭명제로 명시한다. 예를 들면, 「사람은 언어를 사용한다」는 명제는 「모든 사람은 언어를 사용하는 동물이다」로 바꾸어 준다.

(4) 시간이나 공간을 나타내는 부사가 있는 명제는 시간이나 공간을 명사화한다. 예를 들면, 「그는 출근할 때 항상 자동차

를 탄다」는 명제는 「그가 출근하는 모든 시간은 자동차를
타는 시간이다」로 바꾼다. 「태양의 흑점이 폭발하면 전파가
방해를 받는다」는 명제는 「태양의 흑점이 폭발할 때는 전파
가 방해를 받는 때이다」로 바꾸어 준다. 「UFO는 어디에도
없다」는 명제는 「어떤 장소도(또는 모든 장소는) UFO가 있는
장소가 아니다」로 바꾼다.

(5) 「 ~만」, 「 ~을 제외하면」 등의 배타적 명제는 주어와 술어
의 위치를 바꾸어 줃언명제로 바꾼다. 「도덕적으로 깨끗한
사람만이 이번 선거에 당선되었다」는 명제는 「이번 선거에
당선된 모든 사람들은 도덕적으로 깨끗한 사람들이다」는 정
언명제로 바꾼다.

(6) 「모든 ~가 항상 ~인 것은 아니다」라는 제한명제는 특칭부
정명제로 바꾼다. 「누렇게 빛나는 것이 다 금덩이는 아니
다」는 명제는 「누렇게 빛나는 어떤 것은 금덩이가 아니다」
로 바꾼다.

1.2. 주연관계 : 명제의 내적 관계

논리학을 배우는 궁극적인 목표는 논증의 타당성을 검증하여 논증능력을 키우는데 있다. 하나의 논증은 추리를 통해 이루어지고, 추리는 전제와 결론으로 구성된다. 이때 전제와 결론 사이에 일관성이 있다면 그 논증은 타당한 것으로 인정된다. 그렇다면 논증에 있어서 가장 중요한 것은 전제와 결론 사이의 일관성의 문제일 것이다. 전제와 결론 사이의 일관성이란 구체적으로 무엇을 말하는가? 그 일관성은 명제를 구성하고 있는 개념들이 일관성 있게 사용되었는가에 의존한다. 동일한 개념이 앞의 명제에서는 아주 포괄적인 의미로 사용되었다가 결론에서는 아주 좁은 의미로 사용된다면 그 추리는 일관성이 없는 추리가 된다. 그리고 그 역도 성립한다. 그 추리는 범주의 오류를 범할 수밖에 없을 것이다. 이와 관련하여 하나의 물음이 제기된다. 「개념들 사이의 일관성은 무엇을 말하는가?」 하는 물음이 그것이다. 한 명제의 내용 즉 그 명제의 내포적 의미가 그 명제를 구성하고 있는 주어개념 혹은 술어개념의 외연에 관계하고 있는 정도가 일관성이 있어야 한다는 것이다. 그리고 명제의 내용이 주어개념이나 술어개념의 외연 전체와 관계하고 있을 때 그 개념은 주연되었다고 하고 일부에만 관계할 때는 부주연되었다고 한다. 따라서 개념의 일관성에 있어서 중요한 것은 먼저 개념의 주연 혹은 부주연을 확인하는 것이다. 한 개념의 주연 또는 부주연에 관해 논의하기에 앞서 먼저 「주연」이란 무엇인가에 관해 살펴보자.

「주연」(周延: distribution: Verteilung)이란 개념은 「주」(周: through: 두루 두루)와 「연」(延: extension: ~에까지 미침)의 결합어로 「두루 관계함」을 의미한다. 그렇다면 무엇이 무엇에게 두루 관계함인가? 한 명제의 내포적 의미 전체(무엇)가 그 명제를 구성하는 주어개념 또는 술어개념의 외연에(무엇에) 두루 관계함이다. 이제 이런 두루 관계함 또는 일부 관계함을 알기 위해서 먼저 명제의 내용이 무엇인지 알아야 할 것이다. 명제의 내용을 알면 그것이 어디까지 관계하는지 알 수 있기 때문이다.

어떤 명제의 내용이 그 명제를 구성하는 주어와 술어의 외연 전체에 관계할 때 그 개념은 주연되었다고 하고, 일부에 관계할 때는 부주연되었다고 한다. 위에서 제시된 네 종류의 표준형식의 정언명제들 중 주어는 그를 규정하는 양화사에 의해 이미 주연과 부주연이 결정된다. 즉 「모든」이란 보편양화사에 의해 규정되는 주어는 주연된 개념이며, 「어떤」이란 존재양화사에 의해 규정되는 주어는 부주연된 개념이다. 문제는 술어개념의 주연 여부이다. 이때 중요한 것은 명제가 지시하는 내포적 의미와 술어의 외연 사이의 관계이다.

하나의 명제는 양화사, 주어, 술어, 계사의 네 요소들로 구성되어 있다. 이때 중요한 것은 그 명제의 내포적 의미 전체가 계사의 질에 따라 「연언적」이거나 「선언적」이 된다. 연언적이란 주어개념과 술어개념의 교집합을 의미하는데, 술어개념은 주어개념의 유개념이기 때문에 여기서 연언적이라 함은 주어의 개념이 술어에 포함됨을 의미한다. 선언적이라는 것은 주어의 개념이 술어의 유개념에 속하지 않는 경우이다. 이때 주어와 술어는 상호 배타적 관계에 있다. 계사가 긍정일 때는 명제의 내용은 주어가 술어에 포함되는 정도에 따라 주연과 부주연이 결정되며, 부정일 때는 완전히 배제 되느냐 일부만 배제되느냐에 따라 주연과 부주연이 결정된다. 이때 포함되는 정도 또는 배제되는 정도를 결정하는 것은 양화사이다. 주어가 술어에 완전히 포함될 때는 주어는 주연이고 술어는 부주연이며, 일부만 포함될 때는 둘 다 부주연이다. 예를 들면, 「모든 사람은 죽는 존재자이다」는 명제에서 그 본질적 내용은 「죽는 존재자이면서 사람」이다. 「여기 있는 모든 학생들은 키가 큰 학생들이다」라는 명제에서도 그 본질적 내용은 「키가 큰 학생이면서 여기 있는 학생들」이다. 일반적으로 긍정명제에서는 술어의 외연이 명제의 내포적 의미에 의해 지시된 외연보다 넓다. 그러므로 그 명제의 내용은 술어의 외연 일부에만 관계한다.

예를 들면, 「모든 사람은 죽는 존재자이다」는 명제에서 주어가 주연되었음은 분명하다. 문제는 「죽는 존재자」라는 술어와 그 명제의 내용과의 관계이다. 즉 「죽는 존재자」라는 술어와 「죽는 존재자이면서 사람」이라는 그 명제의 내용 사이의 포섭관계이다.

여기서 우리는 「죽는 존재자」라는 술어가 「죽는 존재자이면서 사람」보다 외연이 넓으며 따라서 「죽는 존재자이면서 사람」이라는 명제의 내용은 「죽는 존재자」라는 술어의 외연의 일부에만 관계하고 있음을 알 수 있다. 따라서 술어는 부주연되어 있다. 따라서 A명제의 경우 주어는 「모든」이란 존재양화사에 의해 규정되어 있으므로 주연되어 있고, 술어는 부주연된다. I명제의 경우는 주어가 「어떤」이란 존재양화사에 의해 제한되어 있기 때문에 주어가 부주연되어 있고 술어도 A명제의 경우와 마찬가지로 부주연되어 있다.

한편 「모든 동물은 식물이 아니다」는 E명제의 경우 주어가 주연되었음은 분명하다. 중요한 것은 술어와 명제의 내용과의 관계이다. 이 명제의 내용은 「식물이나 동물」이다. 「식물이나 동물」이란 내용과 「식물이 아닌 생물」이라는 술어 사이의 관계를 보자. 식물이 아니면 동물이라는 내용이 조건으로 주어져 있는 상태에서 「식물이 아닌 생물」이라고 한다면 「식물이나 동물」이라는 명제의 내용은 식물이 아닌 동물의 외연 전부에 관계하며 따라서 그 술어는 주연된다. O명제의 경우는 주어가 「어떤」이란 존재양화사에 의해 제한되어 있기 때문에 부주연되어 있고 술어는 E명제의 경우처럼 주연된다.

이상의 주연관계를 보다 이해하기 쉽게 하기 위해 두 개념을 크고 작은 두 개의 원을 통해 표시한 관계도식을 참고하는 것이 좋을 것이다. 이 도식은 스위스의 수학자 오일러(Euler: 1707-1783)에 의해 처음 제시되었기 때문에 「오일러의 도식」이라고도 한다. 그 도식들은 다음과 같다.

A명제: 「모든 S는 P이다」는 명제는 다음과 같은 두 경우가 가능하다. 1) 「모든 사람은 동물이다」는 명제에서처럼 주개념의 외연 전체가 술어개념의 외연 일부에 해당되는 경우와, 2) 「모든 등각삼각형은 등변삼각형이다」라는 명제처럼 주개념과 술어개념이 동어반복으로서 동일한 사태를 지칭하기 때문에 그 외연이 동일한 경우가 그것이다. 1)의 경우 명제의 내용은 「사람이면서 동물임」 즉 「사람」이다. 이때 주개념의 외연은 이 내용의 전범위에 관계하기 때문에 주연되어 있으며, 술어개념의 외연은 「사람」이란 내용의 범위를 넘어서므로 부주연되어 있다. 한편 2)의 경우는 그 명제의 내용이 「등각삼각형이면서 등변삼각형」이다. 이 경우 등각삼각형과 등변삼각형은 동일한 삼각형을 다른 말로 표현한 동어반복이며 따라서 주어개념과 술어개념의 외연은 동일하다. 따라서 주어개념과 술어개념은 모두 주연되어 있다. 그런데 여기서 주의해야 할 것은 2)의 경우는 특수한 경우에만 적용되고 1)은 A명제 전체에 타당하므로 A명제의 경우 주연관계는 1)의 경우에 의해 대표된다. 이 관계를 도식

으로 표시하면 다음과 같다.

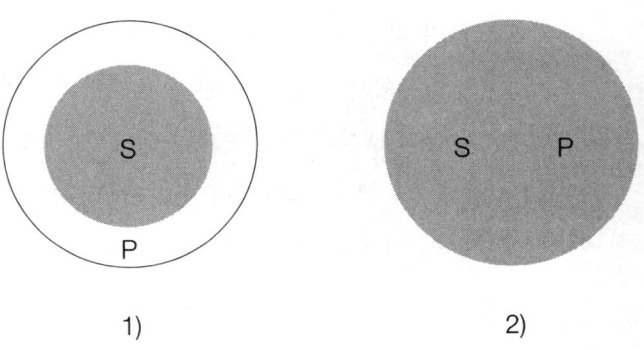

1)   2)

E명제: 「모든 S는 P가 아니다」 또는 「어떤 S도 P가 아니다」는 명제는 S와 P의 외연이 전혀 상관없다. 즉 주개념과 술어개념은 서로 배타적 관계에 있다. 따라서 주어와 술어는 모두 그 명제의 전범위에 관계하기 때문에 둘 다 주연되어 있다.

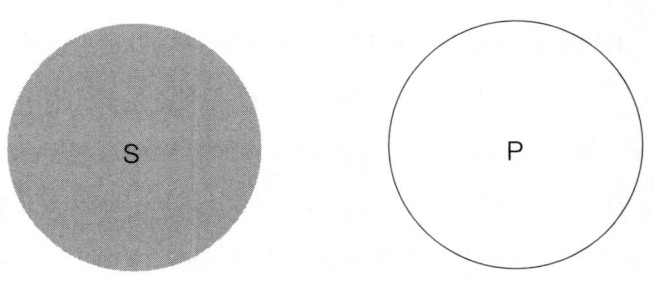

I명제 : 「어떤 S는 P이다」는 명제는 「약간의 금속은 액체이다」라는 명제의 경우처럼 주개념과 술어개념의 외연이 일부 교차며 따라서 주개념과 술어개념 모두 부주연되어 있다. 이 명제의 경우 주개념은 존재양화사에 의해 제한되어 있기 때문에 부주연되어 있다. 그리고 술어개념인 「액체」는 이 명제의 내용인 「액체이면서 금속」 즉 「액체금속」의 일부에 관계하고 있기 때문에 부주연되어 있다.

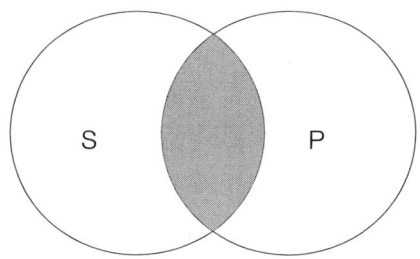

O명제 : 「약간의 학생은 운동가가 아니다」는 명제의 내용은 「학생 또는 운동가」이다. 주개념은 「약간의」라는 존재양화사에 의해 한정되어 있으므로 당연히 부주연되어 있다. 한편 「운동가가 아니다」는 술어에서 「운동가」란 개념은 「학생 또는 운동가」라는 명제의 내용과 관련하

여 볼 때 학생이 아닌 모든 운동가를 가리킨다. 따라서 「운동가」란 술어의 개념은 「학생」 이외의 모든 영역에 관계한다. 그러므로 O명제의 경우는 술어가 주연된다.

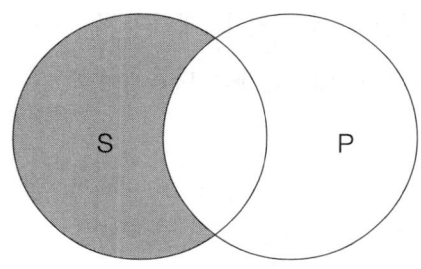

위에서 우리는 주연관계와 관련하여 두 개의 원칙을 발견했다. 첫째, 전칭명제일 경우는 주어가 주연된다. 둘째, 부정명제일 경우는 술어가 주연된다. 셋째, 이 두 경우를 제외한 모든 개념들은 부주연된다. 이런 원리를 적용했을 때 각 명제들의 주연관계는 다음과 같다.

판단종류	주연관계	
	주어 (S)	술어 (P)
A	주연	부주연
E	주연	주연
I	부주연	부주연
O	부주연	주연

1.3. 대당사각형 : 명제들 사이의 관계

우리는 위에서 하나의 명제는 그 내적 구조에 있어서 주어와 술어 사이에 주연관계가 있음을 보았다. 그런데 명제와 명제 사이에는 서로 대립적인 관계가 있다. 대립의 종류는 「반대대립」과 「모순대립」이 있다. 이 대립관계는 다음과 같은 그림으로 도식화될 수 있겠다.

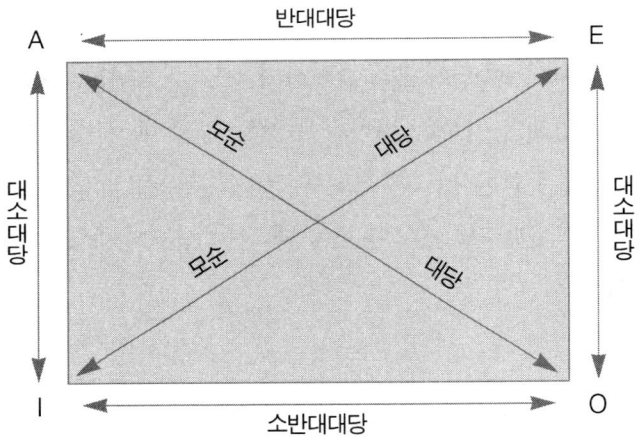

- 모순대당 -

A명제와 O명제, E명제와 I명제와 같이 두 명제가 모두 동시에 참일 수도 없고 동시에 거짓일 수도 없는 관계를 서로 모순관계에 있다고 한다. 「모든 논리학자는 철학자이다」라는 명제와 「어떤 논리학자는 철학자가 아니다」는 명제의 관계이다. 「모든 논리학자는 철학자가 아니다」와 「어떤 논리학자는 철학자이다」의 관계도 마찬가지이다.

- 반대대당 -

A명제와 E명제의 관계처럼 두 명제가 모두 참일 수는 없지만 동시에 거짓일 수는 있는 관계를 반대관계에 있다고 한다. 「모든 사람은 이상주의자다」는 명제와 「모든 사람은 이상주의자가 아니다」는 명제의 관계에서처럼 모든 사람이 다 이상주의자이면서 모든 사람이 다 이상주의자가 아닐 수는 없다. 그러나 「모든 사람이 이상주의자다」라는 명제가 거짓이라면 어떤 사람들은 이상주의자라는 말이며, 「모든 사람이 이상주의자가 아니다」는 명제가 거짓이라면 어떤 사람들은 이상주의자라는 말이다. 따라서 두 명제가 모두 거짓일 경우 동일한 사태를 의미하므로 두 명제가 동시에 거짓일 수는 있는 것이다.

I명제와 O명제의 관계처럼 동시에 거짓일 수는 없지만 동시에 참일 수는 있는 관계를 소반대 관계에 있다고 한다. 「어떤 사람은 선생님이다」와 「어떤 사람은 선생님이 아니다」의 관계이다.

각 명제들 사이의 대당관계를 도표로 표시하면 다음과 같다.

	T				F			
	A	E	I	O	A	E	I	O
A	T	F	?	F	F	?	F	T
E	F	T	F	?	?	F	T	F
I	T	F	T	?	?	T	F	T
O	F	T	?	T	T	?	T	F

3

추리

이상에서 우리는 논리적 사고의 한 조건인 건전한 개념과 그 개념의 진술에 관해 살펴보았다. 그런데 논리학에서 중요한 것은 추리 즉 개념들 상호간의 일관된 관계로부터 타당한 결론을 이끌어 내는 것이다.

「추리」란 이미 알려진 명제에 기초하여 새로운 명제를 결론으로 이끌어 내는 사유과정이다. 새로운 결론의 기초가 되는 명제를 전제라 한다. 하나의 명제에 있어서 중요한 것이 그 명제 자체의 진리성에 있다면, 추리에서 중요한 것은 논리적 일관성 또는 타당성(Consequence; Folgerichtigkeit)이다. 결론만의 진리성이 아니라 그 결론이 전제로부터 필연적으로 일관되게 도출되는 것이 중요하다.

추리의 종류에는 크게 「귀납추리」와 「연역추리」가 있다. 귀납추리에 의해 개개의 명제들이 형성된다. 연역추리는 이렇게 귀납추리에 의해 형성된 명제들을 종합하여 결론을 끌어낸다. 따라서 그 추리는 경험적 추리가 아니다. 직접 경험하지는 않았지만 당연히 그래야 한다는 결론을 추론해 내는 것이다. 귀납추리의 경우는 개연성이 문제가 되며 연역추리의 경우는 타당성이 문제가 된다.

그리고 연역추리는 다시 「직접추리」와 「간접추리」가 있다. 직접추리는 하나의 명제로부터 직접 하나의 결론을 추론해 내는 것이고 간접추리는 하나 이상의 명제들로부터 결론을 끌어내는 것으로 대표적인 간접추리는 삼단논법이 있다.

1. 귀납추리

인간은 그가 경험한 것을 일반화하여 표현할 줄 안다. 인간이 이성적 동물이라고 할 때 이성적이란 바로 이런 일반화의 능력 이외의 다른 것이 아니다. 이 능력은 이론화의 능력이기도 하다. 이론화란 이미 주어진 것들에서 보편적인 것을 보는 능력이다.[2] 이런 이론화하는 일반화야말로 모든 교육의 가능근거이며 따라서 인류 문명의 발전근거이다. 우리가 경험한 것을 일반화하여 전달할 수 없다면 모든 사람들은 직접경험에 의존할 수밖에 없을 것이며 세대를 통한 발전은 불가능하다. 모든 세대는 앞선 세대가 경험한 것을 직접 경험해야 하기 때문이다. 따라서 지식의 축적은 불가능하다. 앞선 세대의 수준에 도달하면 이미 수명이 다할 것이다. 문명의 발전은 일반화에 의존한다. 모든 학문적 진술들은 일반화이며 이 일반화는 대체로 「열거적 일반화」(generalization by enumeration), 「귀납적 일반화」(inductive generalization), 「귀납적 유비」(inference analogy), 「설명적 일반화」(explanatory generalization)가 있다. 그리고 이렇게 일반화된 것은 확정된 결론이 아니라 가설의 성격을 가진다. 여기서 일반화의 법칙들에 관하여 살펴보자.

---

2 _ 「이론」을 나타내는 그리스어 「테오리아」(theoria)는 「테안」(thean: 절대자, 보편적인 것)과 「호라오」(horao: 보다)의 결합어로 「절대적인 것을 봄」을 의미하는데 여기서 독일어 「Theorie」와 영어 theory가 유래했다. 이때 절대적인 것을 본다는 것은 개별적인 사례들에서 보편적인 것을 읽어내는 일반화의 능력을 말한다.

– 열거적 일반화 –

어떤 사실들을 일일이 다 확인하고서 그 결과를 일반화하여 표현함. 어떤 집단 A에 속한 사람들을 모두 관찰한 후에 "A집단에 속한 사람들은 모두 키가 크다"고 일반화한다면 이것은 열거적 일반화에 해당된다. 이것은 아리스토텔레스가 "완전한 귀납"이라 부른 것으로 사실상 새로운 정보를 제공하지는 못한다. 이미 모든 정보를 확인하고 나서 일반화한 것이기 때문이다. 그러므로 이런 일반화는 일반화이긴 하지만 새로운 정보를 제공하지 못하므로 학문적 일반화라고는 할 수 없다. 그것은 「사이비 일반화」이다.

– 귀납적 일반화 –

표본으로 주어진 몇몇 사례들에 대한 관찰을 토대로 하여 일반적인 결론을 도출하는 전형적인 귀납추리의 유형이다. 예를 들면, 다음과 같은 추리의 유형이 그렇다.

집합 A는 a, b, c, d, ….를 관찰한 결과,
a는 F라는 성질을 가지고 있음이 관찰되었다.
b는 F라는 성질을 가지고 있음이 관찰되었다.

c는 F라는 성질을 가지고 있음이 관찰되었다.

d는 F라는 성질을 가지고 있음이 관찰되었다.

.

따라서 집합 A는 F라는 성질을 가지고 있다.

.

귀납적 일반화에 있어서 가장 중요한 것은 표본사례이다. 귀납적 일반화의 신뢰성은 표본으로 채택된 사례들에 의존하기 때문이다. 부분에 관한 관찰을 근거로 전체에 관해 주장할 수 있으려면 그 부분이 전체를 대표할 수 있어야 한다. 그러기 위해서는 다음과 같은 조건을 충족시켜야 한다.

(1) 표본사례들은 양적으로 충분해야 한다.

(2) 표본사례들은 충분히 다양해야 한다.

표본사례들이 위의 조건들을 충족시키지 못할 경우 오류가 발생한다. 먼저 표본사례들이 (1)의 조건을 충족시키지 못할 경우 「성급한 일반화의 오류」를 범하게 된다. 이것은 불충분한 통계자료들에 근거하여 너무 성급하게 결론으로 비약할 때 발생하는 오류이다. 다음에는 표본사례들이 (1)의 조건을 만족시킨다고 해도 그것들이 전체의 한 부분에 편중되어 있어 (2)의 조건을 만족시키지 못한다면 그 자료들에 근거해 주장된 결론은 신뢰할 수 없는 것이 된다. 이런 유형의 오류를 「편향된 통계자료의 오류」라 한다.

위에서 제시된 두 종류의 오류들 이외에도 귀납적 일반화와 관련된 오류들이 있는데 「오도된 생생함의 오류」와 「태만한 일반화의 오류」가 그것이다. 전자의 오류는 이미 일반적으로 공인된 것을 거부하는 오류이며, 후자의 오류는 어떤 주장이 위의 (1)과 (2)의 조건을 충족시켜 형성된 것임에도 불구하고 그것을 믿으려하지 않는 오류이다. 그 주장이 마음에 들지 않거나 자신에게 불이익이 될 경우에 그런 경향이 있다. 어떤 사람이 새 차를 구입할 목적으로 차종에 따른 모든 통계자료들을 수집하였다. 그 자료들에는 자동차의 기능, 안전성, 디자인, AS 등 자동차에 관련된 모든 정보들이 들어있다. 이 자료들에 근거하여 결정된 차종은 가장 합리적으로 선택된 차종일 것이다. 그런데 그 차를 사용해 본 어떤 사람이 그 차를 산 것을 후회한다는 정보를 입수하고 그 결정을 번복했다면, 이는 합리적인 통계자료보다 특수한 사례를 더 중요시한 결과이다. 이런 경우가 「오도된 생생함의 오류」에 해당된다.

– 통계적 일반화 또는 통계적 삼단논법 –

일반적으로 귀납논증은 개별적 사례들로부터 일반적 결론을 끌어내는 추론형식인데, 이와는 반대로 일반적 주장에 근거하여 개별적 사례에 관해 무엇인가 주장하는 추론형식이 있으니 이를 통계적 삼단논법이라 한다. 귀납적 일반화와는 달리 통계적 삼단논법은 일반화된 명제에 근거하여 일반적으로 참 또는 거짓인 것이 개별적인 경우에도 그렇다고 주장하는 것이다. 그 형식은 다음과 같다.

모든 F의 x%는 G이다.
a는 F이다.
그러므로 a는 G이다.

모든 40대 남자의 95%는 결혼했다.
김철수씨는 40대 남자이다.
그러므로 김철수씨는 결혼했을 것이다.

이런 유형의 추리에서 중요한 것은 통계적 수치가 100%에 가까울수록 신뢰도가 높다는 것이다. 위에서 제시된 수치가 95%가 아니라 99%라면 결론의 주장이 가지는 신뢰도는 그만큼 높다.

- 유비적 일반화 또는 귀납적 유비 -

「유비」는 「같은 비율」을 의미하는 그리스어와 라틴어 analogia 에서 유래한 개념으로 직접적으로 표현할 수 없는 것을 그와 동일한 구조를 가지는 구체적인 어떤 것을 매개로 표현하는 방법이다. 따라서 유비적 일반화란 귀납적 일반화의 한 유형으로 어떤 사태 또는 사물이 다른 사태나 사물이 가진 공통점들에 근거하여 그 사태나 사물에는 아직 관찰되지 않았지만 다른 사태나 사물에서는 관찰된 것을 유추하여 추론해 일반화하는 것이다. 예를 들면, A에는 a, b, c 라는 속성이 있고 B에는 a, b, c, z라는 속성들이 있을 때 이 둘의 유비적 관계에 근거하여 비교하여 「A에도 z라는 속성이 있을 것이다」고 추리하는 것이다.

이러한 논증방식은 다른 사람의 논증의 부당성을 지적하기 위해서도 사용되고 자신의 논증의 정당성을 주장하기 위해서도 사용된다. 주어진 논증과 동일한 형식을 가지지만 전제들과 결론 사이의 추론이 타당하지 않은 거짓논증을 구성해 보임으로써 다른 사람의 논증이 거짓임을 지적하는 방법이 그 하나이며, 자신의 논증과 동일한 형식의 논증을 구성하여 자신의 논증이 타당함을 보이는 것이 다른 하나이다.

2. 연역추리

연역추리에는 직접추리와 간접추리가 있는데 직접추리는 하나의 전제로부터 직접 결론을 이끌어 내는 추리이며, 간접추리는 하나 이상의 전제들로부터 결론을 끌어내는 추리로 삼단논법이 그 대표적인 예이다.

2.1. 대당관계에 의한 직접추리

위에서 우리는 명제들 상호간의 대당관계에 관해 살펴보았다. 대당관계에 의한 직접추리란 하나의 명제가 다른 명제와 가지는 모순관계 또는 반대관계어 의해 명제들 사이의 진위를 추론하는 것이다. 앞에서 살펴본 대당관계에 근거하여 다음 명제들 상호간의 진위관계를 살펴보자.

● 다음의 첫 번째 문장이 참일 때 두 번째 문장의 진리치는 무엇인가?

1) 어떤 종이는 찢어지지 않는다. 어떤 종이는 찢어진다.

2) 모든 정수는 유리수이다. 모든 정수는 유리수가 아니다.

3) 어떤 정수는 자연수이다. 어떤 정수는 자연수가 아니다.

4) 모든 새는 알을 낳는다. 모든 새는 알을 낳지 않는다.

5) 모든 한국인은 동양인이다. 어떤 한국인은 동양인이 아니다.

6) 어떤 소문은 사실이 아니다. 모든 소문은 사실이 아니다.

7) 모든 총각은 기혼자가 아니다. 어떤 총각은 기혼자가 아니다.

8) 어떤 한국인은 애국자가 아니다. 모든 한국인은 애국자다.

9) 모든 물체는 공간을 차지한다. 어떤 물체는 공간을 차지하지 않는다.

10) 어떤 정치인은 사기꾼이다. 모든 정치인은 사기꾼이다.

11) 어떤 종이는 찢어진다. 모든 종이는 찢어진다.

12) 어떤 미나리는 파랗다. 모든 미나리는 파랗지 않다.

13) 모든 외국인은 유권자가 아니다. 어떤 외국인은 유권자다.

● 다음 문장이 거짓일 경우 진리치가 결정되지 않는 것은?

모든 마법사는 지혜롭다.
  1. 모든 마법사는 지혜롭지 않다.
  2. 어떤 마법사는 지혜롭다.
  3. 어떤 마법사는 지혜롭지 않다.
  4. 1, 2 두 문장.

● 다음 문장이 참일 때 진리치가 결정되지 않는 것은?

어떤 마법사는 진실하지 않다.
  1. 모든 마법사는 진실하다.
  2. 모든 마법사는 진실하지 않다.
  3. 어떤 마법사는 진실하다.
  4. 2, 3 두 문장.

●다음 문장이 거짓일 경우 참이 되는 문장은?

어떤 마법사는 사악하지 않다.
 1. 모든 마법사는 사악하다.
 2. 모든 마법사는 사악하지 않다.
 3. 어떤 마법사는 사악하다.
 4. 1, 3 두 문장.

●다음 문장이 거짓일 경우 참이 되는 문장은?

어떤 마법사는 용감하다.
 1. 모든 마법사는 용감하다.
 2. 모든 마법사는 용감하지 않다.
 3. 어떤 마법사는 용감하지 않다.
 4. 2, 3 두 문장.

●다음 문장이 거짓일 경우 거짓이 되는 문장은?

어떤 마법사는 사악하지 않다.

1. 모든 마법사는 사악하다.

2. 모든 마법사는 사악하지 않다.

3. 어떤 마법사는 사악하다.

4. 거짓이 되는 문장이 없다.

●다음 문장이 참일 때 진리치가 결정되지 않는 문장은?

어떤 마법사는 교활하다

1. 모든 마법사는 교활하다.

2. 모든 마법사는 교활하지 않다.

3. 어떤 마법사는 교활하지 않다.

4. 1, 3 두 문장.

●다음 문장이 거짓일 경우 거짓이 되는 문장은?

어떤 마법사는 용감하다.

1. 모든 마법사는 용감하다.

2. 모든 마법사는 용감하지 않다.

3. 어떤 마법사는 용감하지 않다.

4. 거짓이 되는 문장이 없다.

●다음 문장이 참일 경우 거짓이 되는 문장은?

모든 마법사는 지혜롭다.
　1. 어떤 마법사는 지혜롭다.
　2. 모든 마법사는 지혜롭지 않다.
　3. 어떤 마법사는 지혜롭지 않다.
　4. 2, 3 두 문장.

●다음 문장이 참일 경우 거짓이 되는 문장은?

어떤 마법사는 용감하지 않다.
　1. 모든 마법사는 용감하다.
　2. 모든 마법사는 용감하지 않다.
　3. 어떤 마법사는 용감하다.
　4. 거짓이 되는 문장이 없다.

●다음 문장이 참일 경우 거짓이 되는 문장은?

어떤 마법사는 사악하다.
  1. 모든 마법사는 사악하다.
  2. 모든 마법사는 사악하지 않다.
  3. 어떤 마법사는 사악하지 않다.
  4. 1, 2 두 문장.

●다음 문장이 참일 경우 참이 되는 문장은?

모든 마법사는 비겁하지 않다.
  1. 모든 마법사는 비겁하다.
  2. 어떤 마법사는 비겁하다.
  3. 어떤 마법사는 비겁하지 않다.
  4. 참이 되는 문장이 없다.

●다음 문장이 참일 경우 참이 되는 문장은?

모든 마법사는 지혜롭다.

1. 어떤 마법사는 지혜롭다.

2. 어떤 마법사는 지혜롭지 않다.

3. 모든 마법사는 지혜롭지 않다.

4. 참이 되는 문장이 없다.

2.2. 명제변형에 의한 직접추리

명제의 형식을 변형하여 동일한 의미를 가지는 다른 명제를 추론해 내는 것을 「명제변형에 의한 직접추리」라고 하는데 이러한 추리에는 환질법, 환위법, 환질환위법, 환위환질법이 있다.

– 환질법 –

명제의 질을 바꾸는 것이므로 원명제의 술어의 모순개념을 술어로 한 후 그 술어의 질을 다시 한 번 바꾼다. 「모든 S는 P이다」는 명제를 환질하면 "모든 S는 비(非)P가 아니다"가 된다.

A _____ 모든 인간은 동물이다
E _____모든 인간은 비동물이 아니다

환질에 있어서 중요한 것은 원명제의 술어의 모순개념과 반대
개념을 혼동하지 말아야 한다는 것이다. 두 개념이 서로 대립적인
관계에 있을 때 두 개념들 사이에 제3의 개념이 불가능한 경우에
그 두 개념들은 모순관계에 있으며, 두 개념들 사이에 제3의 개념
이 가능할 경우에는 반대관계에 있다. 「크다」는 개념에서 그의 모
순개념은 「크지 않다」이며, 반대개념은 「작다」이다.

– 환위법 –

명제의 주어와 술어의 의치를 바꾸어 새로운 명제를 추리하는
방법으로 원 명제에서 주연된 개념을 주연되지 않은 개념으로 사
용하는 것은 가능하지만, 원 명제에서 주연되지 않은 개념을 주연
된 개념으로 사용해서는 안 된다. 이 규칙을 어기면 「부당주연의
오류」 즉 일부의 참으로부터 전체의 참을 추론하는 오류에 빠진
다. 이런 규칙을 적용하여 개개의 명제들을 환위해 보면 다음과
같은 결과를 얻을 수 있다.

단순환위 : E명제와 I명제의 경우는 주어와 술어의 개념을 단순
히 바꾸어 놓아도 부당주연의 오류가 발생하지 않는
다. 왜냐하면, E명제의 경우는 주어와 술어가 모두
주연된 개념이며, I명제의 경우는 두 개념들이 모두

부주연이기 때문이다.

제한환위 : A명제의 경우는 주어와 술어의 위치를 바꿀 경우 원
명제에서 부주연이었던 술어개념이 주연되어 부당
주연의 오류를 범하게 된다. 따라서 바뀐 명제의 주
어를 부주연시켜야 하는데 그렇게 하기 위해서는 전
칭명제를 특칭명제로 바꾸어 주어야 한다. 예를 들
면, 「모든 사람은 동물이다」는 명제를 환위하면 「모
든 동물은 사람이다」는 명제가 되는데, 이때 원 명
제에서 부주연이었던 「동물」이란 개념이 새 명제에
서는 부당하게 주연되어 오류를 범하고 있다. 부당
하게 주연된 「동물」을 부주연시키기 위해서는 A명
제를 I명제로 바꾸어야 한다.

환위불가 : 「약간의 S는 P가 아니다」라는 O명제를 환위하면
「약간의 P는 S가 아니다」가 된다. 이 경우 원 명제에
서 부주연이었던 S가 바뀐 명제에서는 주연되어 부
당주연의 오류를 범하고 있다. 그런데 이때 주연된
S를 부주연시키려면 「약간의 P는 S이다」라고 명제
의 질을 바꾸어야 하는데, 이것은 명제의 질을 바꾸
어서는 안 된다는 환위의 규칙에 어긋난다. 따라서

O명제의 경우는 환위가 불가능하다.

「환질환위」와 「환위환질」은 각각 환질법과 환위법의 응용이다.

●위에서 배운 직접추리의 방법들을 응용하여 다음의 추리들의 진위를 살펴보자.

1) 고래는 포유동물이다. 그러므로 고래는 비(非)포유동물이 아니다.

2) 모든 선원은 무능하지 않다. 그러므로 모든 무능한 사람은 선원이 아니다.

3) 모든 직접추리는 추리이다. 그러므로 모든 비(非)추리는 비(非)직접추리이다.

4) 모든 미국 대통령은 그리스도교인 백인 남성이다. 그러므로 어떤 그리스도인 백인 남성은 미국 대통령이다.

5) 모든 교통수단은 바퀴를 가지고 있다. 그러므로 바퀴를 가진 어떤 것은 교통수단이다.

6) 어떤 강의는 자장가이다. 그러므로 어떤 강의는 비(非)자장가가 아니다.

7) 모든 환경주의자는 평화주의자이다. 그러므로 어떤 비(非)평화주의자는 비(非)환경주의자가 아니다.

8) 모든 수학자는 이상주의자다. 그러므로 어떤 이상주의자는 수학자이다.

9) 어떤 노동자는 피고용자가 아니다. 그러므로 어떤 비(非)피고용자는 비(非)노동자가 아니다.

10) 모든 대학원 입학시험은 공정하다. 그러므로 모든 불공정한 것은 비(非)대학원 입학시험이다.

11) 모든 컴퓨터 게임은 중독성을 가진다. 그러므로 어떤 중독성을 갖지 않는 것은 비(非)컴퓨터 게임이다.

12) 모든 농구선수는 채식주의자가 아니다. 그러므로 어떤 비(非)채식주의자는 비(非)농구선수가 아니다.

2.3. 간접추리: 삼단논법

인간은 생각하는 존재자이다. 생각할 수 있기 때문에 인간은 하나를 보면 하나 이상을 알 수 있다. 감각은 하나를 볼 수밖에 없지만 생각은 다수를 볼 수 있다. 인간을 생각하는 존재자라고 규정할 때 「생각」이란 무엇을 달하는가? 생각한다는 것은 언제나 「함께 생각함」이며, 「함께 생각함」은 이미 경험된 것들을 종합하여 아직 경험되지 않은 새로운 것을 끌어내는 것을 말한다. 결국 생각한다는 것은 추리를 통해 논증할 수 있는 능력을 말한다. 인간이 생각할 수 있는 존재자라는 것은 인간이 오성에 의한 인식과 이성에 의한 추리능력을 가지고 있다는 것이다. 아리스토텔레스는 이런 인간의 능력 중 특히 두 개의 전제들로부터 결론을 끌어내는 논증방법을 syllogismos라 불렀는데, 이 개념은 「syn-」(함께)과 logismos(계산, 논의)의 결합어이며 그 동사형은 syllogizomai(내가 논증한다)이다. syllogismos로부터 독일어의 Syllogismus와 영어의 syllogism이란 개념이 유래했는데, 이 논증방법이 두 개의 전제들로부터 하나의 결론을 끌어내는 간접추리의 방법이기 때문에 우리나라에서는 「삼단논법」이란 용어를 사용한다. 그리고 삼단논법은 거기에 사용되는 명제의 유형에 따라 정언적 삼단논법, 가언적 삼단논법, 선언적 삼단논법의 세 종류가 있다.

2.3.1. 정언적 삼단논법

정언적 삼단논법은 세 개의 개념들과 그 개념들을 포함하는 세 개의 정언명제들로 구성된다. 세 개의 개념들 중 외연이 가장 넓은 개념을 「대개념」이라 하고 P로 표시하는데 이 개념은 결론에서 술어개념이 된다. 왜냐하면 그 개념은 외연이 가장 넓은 유개념에 해당되기 때문이다. 외연이 가장 좁은 개념을 「소개념」이라 하고 약자 S로 표시하는데 이 개념은 결론에서 주어개념이 된다. 그리고 대개념과 소개념을 매개해주는 개념을 「매개념」이라 하고 약자 M으로 표시하는데 그 개념은 그 논증의 범위에서는 외연이 대개념과 소개념의 중간에 해당된다. 예를 들어, 다음과 같은 논증에서

모든 비겁자는 영웅이 아니다
어떤 군인은 비겁자다
그러므로 어떤 군인은 영웅이 아니다.

결론의 주어인 「군인」은 소개념이고 결론의 술어인 「영웅」은 대개념이다. 결론에 들어있지 않는 「비겁자」는 대전제와 소전제에 모두 들어있어 대개념과 소개념을 매개해 주는 매개념이다.

정언적 삼단논법은 매개념의 위치에 따라 다음과 같은 네 개의

서로 다른 형식 즉 네 개의 격(Figure)을 가진다.

1격	2격	3격	4격
M - P	P - M	M - P	P - M
S - M	S - M	M - P	M - S
∴ S - P	∴ S - P	∴ S - P	∴ S - P

그리고 삼단논법을 구성하고 있는 대전제와 소전제와 결론은 각각 4종류의 명제들을 가질 수 있다. 따라서 매 격마다 구성될 수 있는 삼단논법의 식은 4×4×4 = 64가지일 수 있다. 그리고 삼단논법의 격은 4가지이기 때문에 64×4+256가지의 식이 가능하다. 그러나 삼단논법의 모든 식이 다 타당한 것은 아니다. 모든 것이 타당하지 않다면 부당한 것이 있다는 것이며 부당한 것이 있다면 타당한 것을 가려내는 것이 중요할 것이다. 이제 타당한 삼단논법을 검증하는 방법에 대해 알아보자.

2.3.1.1. 정언적 삼단논법의 타당성 검증

삼단논법의 타당성을 검증하는 방법은 두 가지가 가능하다. 하나는 도식을 통해 검증하는 것이며, 다른 하나는 삼단논법의 규칙들을 통해 검증하는 방법이다. 먼저 도식을 통한 검증방법을 살펴보자. 이 도식은 영국의 논리학자인 벤(J. Venn)에 의해 고안되었기 때문에 「벤의 도식」(Venn's diagram)이라 한다.

- 벤의 도식을 응용한 방법 -

벤의 도식을 통해 삼단논법의 타당성을 검증하기에 앞서 먼저 그 도식이 탄생된 배경을 살펴보는 것이 좋겠다. 전통적으로 논증에 사용되는 4종류의 명제들은 아리스토텔레스의 명제해석에 기초한다.[3] 그런데 이 해석은 실존하는 대상들에 대해서만 타당하다는 한계를 가진다. 즉 실존하지 않는 대상에 대해서는 모순관계에 있는 두 명제들의 진리치를 결정할 수 없다는 것이다. 예를 들어, 「모든 도깨비는 머리에 뿔이 하나이다」라는 A명제와 「어떤 도깨비는 머리에 뿔이 하나가 아니다」라는 O명제는 서로 모순대당관계에 있기 때문에, 하나의 명제가 참이면 다른 하나의 명제는

---

3 _ 아리스토텔레스에 의하면 네 종류의 명제들은 다음과 같이 해석된다. A(전칭긍정 명제) : 「모든 S는 P이다」; E(전칭부정 명제) : 「모든 S는 P가 아니다」; I(특칭긍정 명제) : 「어떤 S는 P이다」 ; O(특칭부정 명제) : 「어떤 S는 P가 아니다」. 앞에서 우리는 이들 각각의 명제들 내에서 개념들 상호간의 주연관계를 살펴보았는데 그때 사용된 Euler의 도식은 아리스토텔레스의 명제해석을 도식화한 것이라 볼 수 있다.

반드시 거짓이어야 한다. 그런데 도깨비는 실존하는 대상이 아니기 때문에 이 두 명제는 모두 거짓이다. 영국의 논리학자 부울(G. Boole)은 이런 명제해석의 한계를 발견하여 보다 엄밀한 명제해석을 시도한다. 그래서 그는 경험적으로 확인할 수는 없고 다만 개념만 있는 대상에 대해서는 그의 존재를 가정하여 그 대상을 표현하는 4 종류의 명제들을 집합기호를 사용하여 다음과 같이 해석한다.

A명제 : "모든 S는 P이다." 부울은 이 명제를 "S이면서 P가 아닌 것은 없다"고 해석했는데 이를 기호화하면 $S \cap -P = 0$ 또는 $S(-P) = 0$이다.

E명제 : "모든 S는 P가 아니다"는 명제는 부울의 해석에 따르면 "S이면서 P인 것은 없다"가 되며 이를 기호화하면 $S \cap P = 0$ 또는 $SP = 0$이다.

I명제 : 부울에 의하면 "어떤 S는 P이다"는 전통적인 해석은 "S이면서 P인 것이 있다"로 해석되며 $S \cap P \neq 0$ 또는 $SP \neq 0$ 란 기호로 표시된다.

O명제 : "어떤 S는 P가 아니다"는 명제는 "S이면서 P가 아닌 것

이 있다"로 해석되며 이를 기호화하면 S∩-P≠0 또는 S(-P)≠0이다.

벤은 위에서 제시된 부울의 해석에 기초하여 각각의 명제들을 다음과 같이 도식으로 표시했다. 이때 전칭명제는 「없음」(=0)으로 해석되기 때문에 진한 색으로 표시하고 특칭명제는 「존재」(≠0)를 의미하므로 Existence의 약자인 x로 표시한다.

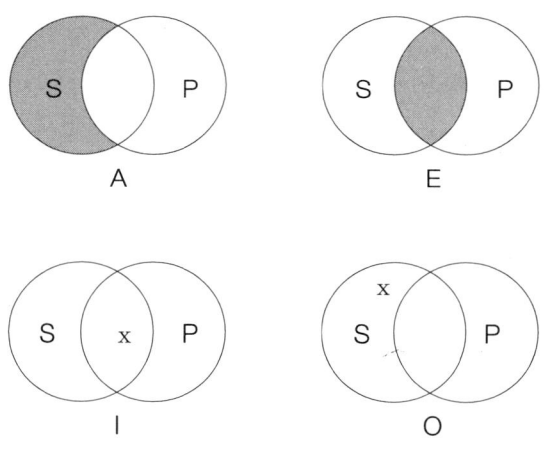

이상에서 우리는 부울의 명제해석에 기초한 벤의 도형을 살펴보았는데, 이제 벤의 다이어그램을 응용하여 삼단논법의 타당성을 검증해 보자. 하나의 삼단논법은 세 개의 명제들로 구성되어 있고 그 논증의 타당성은 명제들 사이의 논리적 일관성에 의존하

는데, 이런 논리적 일관성은 다시 각 명제들에서 사용되는 개념들의 일관된 사용에 의존한다. 따라서 논증의 타당성을 검증하기 위해서는 명제들에서 사용되는 개념들 사이의 일관된 관계 즉 주연관계를 살펴보는 것이 중요하다. 벤의 다이어그램을 응용하여 다음과 같은 과정을 통해 그 관계를 살펴보자.

(1) 삼단논법에서 사용되는 개념들은 매개념(M), 대개념(P), 소개념(S)의 3종류가 있다. 따라서 먼저 다음과 같이 3개의 원을 통해 각각의 개념들을 표시한다.

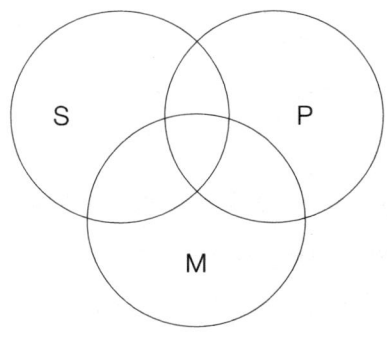

(2) 다음에는 (1)에서 그려진 3개의 원에 대전제와 소전제를 벤 다이어그램을 통해 표시한다. 이때 전칭명제의 내용은 진한 부분으로 표시되고, 특칭명제의 내용은 x로 표시한다. 두 명제들 중 하나가 특칭일 때는 전칭명제를 먼저 표시한다.

(3) 결론의 내용을 벤 다이어그램으로 표시한다고 가정할 때, 결론을 표시하는 벤의 도식이 2개의 전제들에 의해 이미 표시된 영역 내에 포함되면 그 논증은 타당하다.

(4) 특칭명제의 벤 다이어그램을 그릴 때 x표시의 위치를 정확히 결정할 수 없다면, 그 삼단논법은 부당한 것으로 간주된다.

이제 위에서 제시된 방법에 따라 다음 삼단논법의 타당성을 검증해 보자.

모든 사람은 죽는다.
소크라테스는 사람이다.
그러므로 소크라테스는 죽는다.

이 논증은 대전제가 A명제이고 소전제가 A명제이며 결론도 A명제로 이루어져 있으며, 매개념의 위치로 볼 때 1격에 해당되는 삼단논법이다. 앞으로 우리는 이런 유형의 삼단논법을 AAA-1의 형식으로 표시한다. 대전제는 「모든 사람은 죽는다」인데, 이 명제는 「사람」이란 개념과 「죽는 존재자」라는 개념의 포함관계를 나타낸다. 소전제는 「소크라테스」와 「사람」의 포함관계를 나타낸다. 대전제와 소전제를 벤의 도식으로 표시하면 다음과 같다.

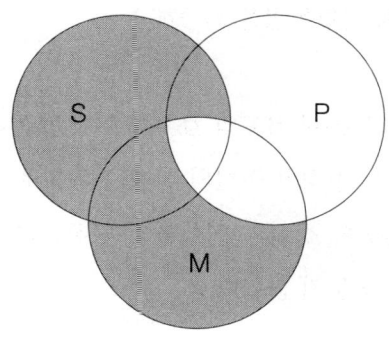

다음에 결론의 내용을 도식으로 표시하면 다음과 같다.

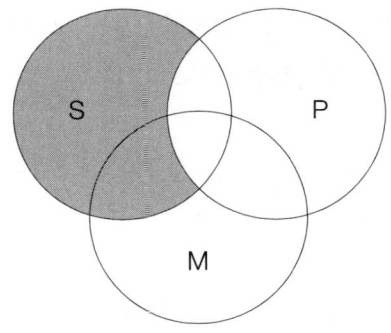

　두 개의 전제들을 표시한 도식과 결론을 표시한 도식을 비교해
보자. 결론의 도식에서 표시된 영역이 전제들에서 표시된 영역에
이미 포함되어 있음을 알 수 있다. 따라서 이 삼단논증은 타당하
다. 그러나 만일 결론을 표시한 영역이 전제들에 포함되어 있지
않다면 그 논증은 부당하다.

또 다른 형식의 삼단논법을 검증해 보자.

어떤 철학자도 돈에 최고의 가치를 두지 않는다.
모든 철학자는 진정한 정신의 실현을 목표로 한다.
그러므로 진정한 정신의 실현을 추구하는 어떤 사람은 돈에
최고의 가치를 두지 않는다.

이 삼단논법은 EAO-3의 형식으로 소개념(S)은 「진정한 정신의
실현을 목표로 하는 자」이고, 대개념(P)은 「돈에 최고의 가치를 두
는 사람」이며, 매개념(M)은 「철학자」이다. 대전제와 소전제를 벤
의 다이어그램으로 표시하면 다음과 같다.

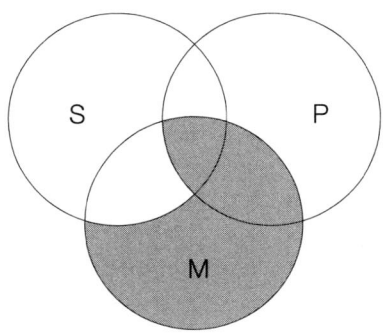

이제 결론을 표시해 보자. 부울의 해석에 의하면 결론의 내용은
「진정한 정신의 실현을 추구하면서 돈에 최고의 가치를 두는 사

람이 아닌 어떤 사람이 있다」인데, 이것을 벤의 도식으로 표시하면 다음과 같다.

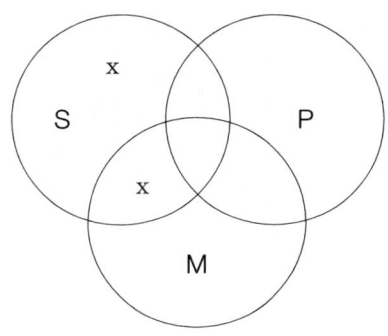

결론의 명제는 특칭명제이기 때문에 x를 통해 존재표시를 해야 하는데 위의 그림에서 보듯이 두 영역 중 어디에 x표시해야 할지 분명하지 않다. 따라서 이 논증은 부당하다.

또 다른 형식의 논증을 살펴보자.

교양인은 타자를 배려할 줄 아는 사람이다.
타자를 배려할 줄 아는 사람들 중에서 어떤 사람들은 겸손하다.
그러므로 겸손한 어떤 사람들은 교양인이다
이 논증은 AII-4의 형식을 가지는 삼단논법이다. 전제들이 전칭명제와 특칭명제로 이루어져 있으므로 전칭명제인 대전제를 먼저 표시하고 다음에 소전제를 표시하면 다음과 같다.

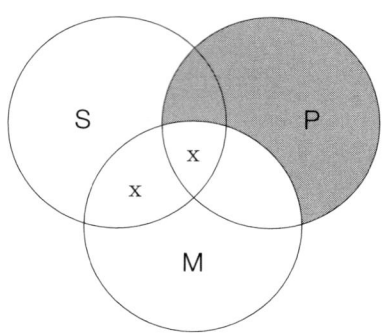

소전제는 특칭명제이므로 x를 통해 존재표시를 해야 하는데 이 때 표시해야 할 부분이 두 영역으로 나뉘어져 있음을 알 수 있다. 따라서 어디에 존재표시(x)를 해야 할지 알 수 없다. 이미 여기서 우리는 이 논증이 부당함을 알 수 있다.

위의 논증의 내용을 다음과 같이 바꾸어 그 타당성을 검토해 보자.

교양인은 타자를 배려할 줄 아는 사람이다.
어떤 교양인은 겸손하다.

그러므로 겸손한 사람들 중 어떤 사람들은 타자를 배려할 줄
아는 사람들이다.

이 논증은 AII-3의 형식을 가지는 논증이다. 전칭명제인 대전제
와 소전제를 도식으로 표시하면 다음과 같다.

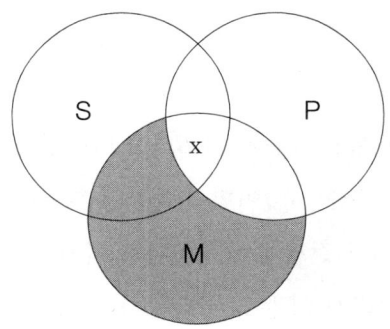

다음에는 교양인이면서 겸손한 사람이 있음을 x로 표시해야 하
는데, 이때 표시되어야 할 부분이 둘로 나뉘어져 있다. 그런데 이
경우는 앞의 경우와는 달리 대전제에 의해 표시된 영역에 의해 한
부분이 진하게 지워져 있다. 따라서 존재표시를 해야 할 영역이
분명하다. 다음에 결론을 표시해 보자.

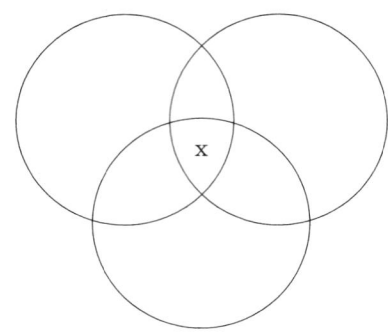

이제 위에서 표시된 그림에 기초하여 타당성을 검증해 보자. 결론의 내용 즉 「겸손한 사람이면서 동시에 타자를 배려할 줄 아는 사람」의 존재표시가 전제에서 표시된 영역에 이미 포함되어 있음을 알 수 있다. 따라서 이 논증은 타당하다.

●벤의 도형에 근거하여 다음의 삼단논법의 타당성을 조사해 보자.

I.

1) OAO - 3   2) EIO - 4   3) AII - 2   4) AEE - 1   5) EAO - 2

6) EAE - 4   7) EIO - 1   8) AOO - 4   9) IAI - 2

II.

1) 모든 공산주의자들은 마르크스주의자들이다. 어떤 이상주의자들은 마르크스주의자들이다. 그러므로 어떤 이상주의자들은 공산주의자들이다.

2) 모든 정신분열증 환자들은 정신병자들이다. 어떤 정신병자들도 정치가가 되기에 적합하지 않다. 따라서 어떤 정신분열증환자도 정치가가 되기에 적합하지 않다.

3) 모든 실증주의자들은 신을 믿지 않는다. 왜냐하면 모든 유물론자들은 실증주의자들이고, 모든 무신론자들은 유물론자들이기 때문이다.

4) 어떤 학생은 정치적이다. 정치적인 사람들은 모두 순수하지 않다. 따라서 어떤 학생은 순수하지 않다.

5) 어떤 예술가는 부자이다. 부자들 중에는 부도덕한 사람들이 있다. 따라서 어떤 예술가는 부도덕하다.

6) 고객에게 바가지를 씌우는 모든 가게는 비도덕적이다. 비도덕적인 가게들 중 일부는 주인이 직접 운영하는 가게이

다. 따라서 주인이 직접 운영하는 어떤 가게는 고객에게 바가지를 씌운다.

7) 어떤 개혁가는 광신주의자이다. 그러므로 어떤 이상주의자는 광신주의자이다. 왜냐하면 모든 개혁가는 이상주의자이기 때문이다.

8) 어떤 철학자는 행동가이고 모든 군인은 행동가이기 때문에 군인들 중에는 철학자들이 있다.

9) 어떤 신경증환자는 기생인간이 아니다. 그러나 모든 범죄자는 기생인간이다. 그러므로 어떤 신경증환자는 범죄자가 아니다.

10) 어떤 부자도 노동운동의 지도자가 아니다. 왜냐하면 노동운동의 지도자들은 모두 진보주의자들인데, 어떤 부자도 진정한 진보주의자가 아니기 때문이다.

11) AAI-3 : 모든 위대한 창작은 숨은 노력의 발현이다. 모든 위대한 창작은 인류문화에 공헌한다. 그러므로 인류문화에 공헌하는 것 중에는 숨은 노력의 발현인

것이 있다.

12) AII-3 : 모든 전쟁은 참혹한 일이다. 약간의 전쟁은 의분에
　　　　 서 일어난다. 그러므로 의분에서 일어나는 것 중에
　　　　 는 참혹한 일도 있다.

13) EAO-3 : 정의에 사는 자는 죽음을 두려워하는 자가 아니
　　　　 다. 정의에 사는 자는 모략을 미워하는 자이다.
　　　　 그러므로 모략을 미워하는 자 중에 어떤 이는 죽
　　　　 음을 두려워하지 않는다.

14) EIO-1 : 모든 사람의 욕심은 한이 없다. 어떤 사람은 명예
　　　　 욕을 가진다. 그러므로 명예욕을 가지는 사람의
　　　　 욕심은 한이 없다.

15) IAI-3 : 문명의 산물 중 어떤 것은 사람을 타락시킨다. 문
　　　　 명의 산물은 모두 사람이 만든 것이다. 그러므로
　　　　 사람이 만든 것 중에는 사람을 타락시키는 것이
　　　　 있다.

16) AEE-2 : 말을 많이 하는 사람은 경솔하다. 모든 웅변가는

83

경솔하지 않다. 그러므로 모든 웅변가는 말을 많이 하는 사람이 아니다.

– 규칙들에 의한 타당성 검증 –

위에서 우리는 벤의 다이어그램을 통해 어떻게 삼단논법의 타당성을 검증할 수 있는지 그 방법에 관해 살펴보았다. 이제 삼단논법의 규칙에 의해 논증의 타당성을 검토하는 방법을 살펴보자. 먼저 다음에 제시된 타당성의 조건들을 숙지하는 것이 좋겠다.

삼단논법의 규칙들

1) 매개념은 한 번만 주연되어야 한다. 즉 매개념이 한 번도 주연되지 않거나 두 번 모두 주연되면 그 추리는 부당하다. 전자의 경우 매개념부주연의 오류를 범하게 되고, 후자의 경우는 매개념부당주연의 오류를 범하게 된다.

2) 대개념과 소개념은 한 번만 주연되어서는 안 된다. 즉 대개념이나 소개념은 한 번도 주연되지 않거나 두 번 모두 주연되어야 한다. 그렇지 않으면 대개념 혹은 소개념부당주연의 오류를 범하게 된다.

3) 부정전제의 수와 부정결론의 수는 같아야 한다.

4) 두 전제가 모두 전칭일 때는 결론도 전칭이어야 한다.

이상의 원칙들을 세분하면 다음과 같다.

1) 정언적 삼단논법이 가져야 할 개념은 3개보다 많아도 적어
   도 안 된다. 이 3개의 개념들 중 외연이 가장 넓은 것을 「대
   개념」이라 하며 결론에서 술어가 된다. 외연이 가장 작은
   개념을 「소개념」이라 하며 결론에서 주어가 된다. 대개념
   과 소개념의 중간개념으로 이들 둘을 매개하는 개념을 매
   개념이라 한다. 그리고 삼단논법은 3개의 개념만을 가지며
   따라서 이에 상응하는 판단도 3개이다.

2) 매개념은 한번만 주연되어야 한다. 매개념이 주연되지 않
   기 때문에 범하는 오류를 「매개념 부주연의 오류」(Fallacy of
   undistributed middle)라 한다. 매개념에 관한 규칙을 포괄적
   으로 적용하면 두 번 주연될 때도 타당한 경우가 있긴 하지
   만 언제나 타당하지는 않다. 그리고 논리학에서는 언제나
   타당한 경우만 타당한 것으로 인정한다. 따라서 두 번 주연
   되는 경우는 부당한 논증으로 간주한다.

3) 전제에 있어서 부주연인 개념을 결론에서 주연시켜서는 안 된다. 대전제를 부당하게 주연시킨 것을 「대전제 부당 주연의 오류」(Fallacy of illicit major)라 하며 소전제를 부당하게 주연시킨 것을 「소전제 부당주연의 오류」(Fallacy of illicit minor)라 한다.

4) 대소 전제가 모두 부정일 때에는 결론을 내릴 수 없다.

5) 두 전제가 모두 긍정일 때에는 결론도 긍정이어야 한다.

6) 전제 중 하나가 부정일 때에는 결론도 부정이어야 한다.

7) 두 전제가 모두 특칭일 때에는 결론을 내릴 수 없다. 왜냐하면 매개념이 한번도 주연될 수 없기 때문이다.

8) 전제의 하나가 특칭일 때에는 결론도 특칭이어야 한다.

9) 두 전제가 모두 전칭일 경우는 결론도 전칭이어야 한다.

10) 대전제가 특칭이고 소전제가 부정일 때에는 결론을 내릴 수 없다. 소전제가 부정이므로 결론도 부정이 되어야 하

는데 이때 그 결론의 술어개념이 주연된다. 그런데 이때 주연된 술어개념은 대전제의 대개념에 해당되는 것으로 대전제가 특칭이므로 부주연되어 있었다. 대전제에서 부주연되어 있던 개념이 결론에서 주연되었으므로 「대개념 부당주연」의 오류를 범하고 있다. 그리고 대개념부당주연의 오류를 피하기 위해 대전제를 부정으로 하면 소전제의 부정과 함께 양부정의 오류를 범하게 된다.

예) 약간의 청년은 음악가이다. 모든 노인은 청년이 아니다. 그러므로 모든 노인은 음악가가 아니다.

● **다음에서 부당한 삼단논법이 범한 규칙을 제시하고 부당하다면 타당하게 바꾸자.**

1) 모든 책은 우리에게 삶을 살아가는 지혜를 준다. 어떤 영화는 우리에게 삶을 살아가는 지혜를 준다. 그러므로 어떤 영화는 책이다.

2) 기교만 부린 모든 작품은 훌륭한 예술작품이 아니다. 기교만 부린 모든 작품은 깊은 생각을 담고 있는 것이 아니다.

그러므로 모든 훌륭한 예술작품은 깊은 생각을 담고 있다.

3) 경험적인 내용이 없는 모든 지식은 공허하다. 형이상학적 지식은 모두 공허하다. 그러므로 모든 형이상학적 지식은 경험적인 내용이 없는 지식이다.

4) 모든 유럽 공산주의자들은 마르크스주의자들이다. 어떤 각료들은 마르크스주의자들이다. 그러므로 어떤 각료들은 유럽공산주의자들이다.

5) 모든 순수학문은 시대적 상황과 무관하다. 모든 순수예술은 시대적 상황과 무관하다. 그러므로 모든 순수예술은 순수한 학문이다.

6) 모든 식물은 생물이다. 모든 송죽은 생물이다. 그러므로 모든 송죽은 생물이다.

7) 모든 정신분열증 환자들은 정신병자이다. 어떤 정신병자들도 공공기관에 근무하기에 적합한 사람들이 아니다. 그러므로 어떤 정신분열증환자들은 공공기관에 근무하기에 적합한 사람들이 아니다.

8) 모든 말레이시아인들은 불교도들이 아니다. 왜냐하면 어떤 회교도들은 불교도들이 아니며 모든 말레이시아인들은 회교도들이기 때문이다.

9) 어떤 운동선수는 독서를 좋아한다. 모든 사람이 운동선수인 것은 아니다. 그러므로 모든 사람은 독서를 싫어한다.

2.3.1.2. 정언적 삼단논법의 각 격들의 특징과 격변화 −

정언적 삼단논법은 매개념의 위치에 따라 네 개의 격을 가진다. 그리고 각 격은 저마다 고유한 특징을 가진다. 그 특징들을 알면 우리가 논증하고자 하는 내용에 따라 어떤 격의 논증형식을 사용하는 것이 적절한지 알 수 있다. 여기서는 각 격들의 특징을 살펴보고 각 격들을 논리적으로 모순되지 않으면서 어떻게 다른 격으로 바꿀 수 있는지 알아보자.

– 정언적 삼단논법의 각 격들의 특징 –

1격

결론의 주어가 소전제의 주어이고 결론의 술어가 대전제의 술어이기 때문에 추론의 형식이 가장 명료하고 자연스러워 삼단논법의 모범적인 형식이다. A, E, I, O의 모든 종류의 명제들이 모두 결론에 사용될 수 있다. 아리스토텔레스는 1격을 완전격이라 하고 나머지 세 개의 격들을 불완전격이라 했다.

2격

두 전제 중 하나는 부정이어야 하므로[4] 결론은 언제나 부정명제이다. 따라서 이 격은 다른 주장을 논박하는데 주로 사용된다. 다음의 예를 보자.

경험적 내용이 없는 지식은 공허하다.

---

4 _ 정언적 삼단논법의 2격은 대전제의 술어와 소전제의 술어가 매개념인데, 매개념이 한 번 주연되기 위해서는 두 전제들 중 하나가 부정명제이어야 한다.

형이상학적 지식은 공허하지 않다.

그러므로 형이상학적 지식은 경험적 내용이 없는 것이 아니다.

3격

결론이 언제나 특칭이어야 하기 때문에 소수의 예외를 제시하여 일반적 판단의 오류를 지적하는데 사용된다. 다음의 예를 보자.

모든 과학적 진리는 검증된 것이다.

어떤 과학적 진리는 종교적 진리이다.

그러므로 어떤 종교적 진리는 검증된 것이다.

위의 논증은 종교적 진리가 검증된 것이 아니라는 논리가 오류임을 지적하는데 이용될 수 있겠다.

4격

전제에서 주어였던 대개념이 결론에서는 술어가 되고 전제에서 술어였던 소개념이 결론에서는 주어가 된다. 따라서 추론의 형식이 부자연스럽고 실용성이 적다. 그리고 이 격은 쉽게 다른 격으로 바꿀 수 있기 때문에 아리스토텔레스는 4격을 도외시했다. 이 격은 서기 2세기경 갈레누스(Galenus)에 의해 비로소 완성된 형식으로 인정되었기 때문에 「갈레누스의 격」이라 불리기도 한다. 같은 유에서 다른 종들과 다른 종을 지적하거나 배제할 때 사용된다. 예를 들면,

어떤 철학자는 비판하기를 좋아한다.
비판하기를 좋아하는 사람들은 모두 남의 미움을 산다.
그러므로 남의 미움을 사는 사람들 중 어떤 사람은 철학자 이다.

- 정언적 삼단논법의 격변화 -

격변화란 불완전격인 2격, 3격, 4격을 완전격인 1격으로 환원하는 것을 말한다. 각 격의 형식적 차이는 매개념의 위치에 따라 결정되기 때문에 다른 격들을 1격으로 환원하는 것은 결국 매개념의 위치를 1격과 같이 바꾸는 것이다. 그리고 이를 위해서는 일정한 규칙에 따라 환질법, 환위법, 대소 두 전제의 위치를 바꾸는 방법이 사용된다. 그 환원의 규칙들을 알아보자.

환원의 규칙들을 알기 전에 먼저 각 격마다 타당한 삼단논법의 형식들에는 어떤 것이 있는지 알 필요가 있다. 우리는 위에서 삼단논법의 가능한 형식들에는 모두 256가지가 있음을 보았다. 그러나 그 중에서 엄밀하게 논리적으로 타당한 형식들은 15가지뿐

이다. 중세의 논리학자들은 이 15가지 형식들을 각각의 격에 따라 분류하여 기억하기 쉽게 다음과 같이 라틴어 단어들로 표기하였다. 우리는 이 단어들을 「기억어」라고 부르자. 이때 라틴어로 된 이 기억어들에서 사용된 모음들은 명제의 종류를 가리키며, 자음들은 격변화와 관련된 일정한 조작규칙들을 나타낸다.

1격 : Babara, Celarent, Darii, Ferio;

2격 : Baroco, Cesare, Camestres, Festino;

3격 : Bocardo, Datisi, Disamis, Ferison;

4격 : Camenes, Dimaris, Fresison.

각각의 단어들에서 모음들은 A, E, I, O의 정언명제들을 가리킨다. 예를 들어, Babara는 AAA-1의 식을 나타내는 기억어이다. 그리고 자음들은 1격으로 환원할 때의 조작규칙을 지시한다. 2격에 속하는 Cesare 이하의 자음으로 된 머리글자는 동일한 머리글자

---

5 _ 이때 자음 m의 위치가 어디에 있느냐 하는 것은 중요하지 않다. Camestres처럼 소전제와 대전제 사이에 m이 있든 아니면 Disamis처럼 결론과 소전제 사이에 있든 m은 언제나 대전제와 소전제의 상호교환을 지시한다. 그리고 이 환원작업은 다른 환원들이 모두 이루어진 후 마지막에 즉 s에 의해 지시된 단순환원이 먼저 이루어진 후에 수행되어야 한다.

로 시작되는 1격의 논증형식으로 환원될 수 있음을 의미한다. 예를 들어, 2격의 Camestres는 1격의 Celarent로 환원될 수 있고 3격의 Disamis는 1격의 Darii로 환원될 수 있음을 의미한다. 자음 s는 1격으로 환원될 때 그 자음 앞에 있는 모음이 가리키는 명제를 단순환위할 것을 지시하며, 자음 m은 1격으로 환원할 때 대전제와 소전제의 위치를 바꿀 것을 지시한다.[5] Baroco와 Bocardo는 직접 1격으로 환원될 수 없고 다른 기억어로 바꾼 후에야 비로소 환원될 수 있다. 즉 Baroco는 Faksoko로 바꾸어야 1격으로 환원될 수 있다. 이때 k는 환질을 의미하며 ks는 환질환위를 의미한다. 따라서 Faksoco는 ks 앞에 있는 대전제 A가 환질환위에 의해 E가 되고 소전제 O는 환질되어 I가 되어 제1격의 EIO 즉 Ferio가 된다.

이제 이와 같은 조작규칙들에 기초하여 위에서 각 격의 특징들을 설명할 때 제시된 다음의 예를 1격으로 환원해 보자.

경험적 내용이 없는 지식은 공허하다.
형이상학적 지식은 공허하지 않다.
그러므로 형이상학적 지식은 경험적 내용이 없는 것이 아니다.

이 예는 AEE-2 즉 Camestres의 논식이다. 먼저 자음 s 앞에 있는 소전제 E명제와 결론의 E명제를 환위하면, 소전제는 「공허한 것은 형이상학적 지식이 아니다」가 되고 결론은 「그러므로 경험적 내용이 없는 것은 형이상학적 지식이 아니다」가 된다. 그리고 자음 m은 대전제 A와 소전제 E를 바꿀 것을 지시한다. 따라서 AEE-2의 논식은 EAE-1의 논식으로 환원될 수 있다. 따라서 위의 예제는 1격으로 환원되면 다음과 같이 바뀐다.

공허한 것은 형이상학적 지식이 아니다.
경험적 내용이 없는 지식은 공허하다.
그러므로 경험적 내용이 없는 지식은 형이상학적 지식이 아니다.

3격의 특징을 설명할 때 제시된 다음의 예를 1격으로 환원해보자.

모든 과학적 진리는 검증된 것이다.
어떤 과학적 진리는 종교적 진리이다.
그러므로 어떤 종교적 진리는 검증된 것이다.

위의 예제는 AII-3 즉 Datisi로 s 앞에 있는 소전제인 I명제를 환위하기만 하면 바로 1격으로 환원될 수 있다. 그 결과는 다음과 같다.

모든 과학적 진리는 검증된 것이다.

어떤 종교적 진리는 과학적 진리이다.

그러므로 어떤 종교적 진리는 검증된 것이다.

4격의 특징을 설명할 때 제시된 예문은 다음과 같은 과정을 거쳐 1격으로 환원된다.

어떤 철학자는 비판하기를 좋아한다.

비판하기를 좋아하는 사람들은 모두 남의 미움을 산다.

그러므로 남의 미움을 사는 사람들 중 어떤 사람은 철학자이다.

이 예문은 IAI-4 즉 Dimaris의 논식을 가진다. 이 논식을 1격으로 환원하기 위해서는 먼저 s 앞에 있는 결론을 환위해야 한다. 결론을 환위하면 「어떤 철학자는 남의 미움을 산다」이다. 그리고 이 논식(Disamis)은 자음 m을 가지고 있으므로 대전제와 소전제를 바꾸어야 한다. 따라서 이 논식은 1격으로 환원되면 Darii-1의 논식이 되어 다음과 같다.

비판하기를 좋아하는 사람들은 모두 남의 미움을 산다.

어떤 철학자는 비판하기를 좋아한다.

그러므로 어떤 철학자는 남의 비웃음을 산다.

● 지금까지 우리는 삼단논법의 각 격이 가지는 특징들과 격변
화의 방법에 관해 살펴보았는데, 이제 각 격들에 속하는 타당
한 모든 논증형식들을 1격으로 환원해 보자.

A. 2격을 1격으로 환원하기

(1) Baroco(AOO-2) → Babara

행복한 사람들은 모두 다른 사람들과 좋은 관계를 가진다.
성공한 사람들 중 어떤 사람들은 다른 사람들과 관계가 좋지
않다.
그러므로 성공한 사람들 중 어떤 사람들은 행복하지 않다.

Baroco처럼 자음 c가 기억어의 첫머리가 아니라 중간에 오는
경우는 1격의 Babara로 환원될 때 논리적 일관성이 유지되지 않
는다. 그럼에도 불구하고 이런 환원을 하는 것은 환원된 삼단논법

의 결론이 부당함을 보임으로써 환원되기 이전의 삼단논법의 결론이 정당함을 입증고자 할 때이다. 환원되기 이전의 원 삼단논법의 결론과 모순되는 명제를 전제 중 하나로 하여 논증을 전개했을 때 그 결론이 부당하다면 원래의 삼단논법이 타당함을 반증하는 것이기 때문이다. 위의 삼단논법의 결론은 O명제인데 이 명제와 모순되는 명제는 A명제로 「성공한 사람들은 모두 행복하다」이다. 그리고 이 명제를 소전제로 하여 논증을 전개하면 다음과 같은 AAA-1의 논증형식이 된다.

행복한 사람들은 모두 다른 사람들과 좋은 관계를 가진다.
성공한 사람들은 모두 행복하다.
그러므로 성공한 사람들은 모두 다른 사람들과 좋은 관계를 가진다.

그런데 실제로는 어떤가? 성공한 사람들이 모두 다른 사람들과 좋은 관계를 가지는가? 그렇지 않다. 그러므로 환원된 삼단논법의 결론은 거짓이다. 따라서 환원되기 이전의 결론이 타당한 것이다. 이것은 결론의 모순을 지적함으로써 전제의 부당성을 반증하는 귀류법(reductio ad sbsurdum)의 일종이다.

(2) Cesare(EAE-2) → Celarent

모든 포유동물은 아가미로 숨을 쉬지 않는다.
모든 물고기는 아가미로 숨을 쉰다.
그러므로 모든 물고기는 포유동물이 아니다.

기억어 Cesare(EAE-2)는 C로 시작되기 때문에 1격의 기억어 Celarent로 환원될 수 있다. 그런데 Cesare에서 보면 대전제인 e명제 바로 다음에 s가 있기 때문에 1격으로 환원할 때 대전제를 환위해야 한다. 따라서 위의 예제는 1격으로 환원되면 다음과 같이 된다.

아가미로 숨쉬는 모든 동물은 포유동물이 아니다.
모든 물고기는 아가미로 숨쉰다.
그러므로 모든 물고기는 포유동물이 아니다.

(3) Camestres(AEE-2) → Celarent

모든 물고기는 아기미로 숨쉰다.
모든 포유동물은 아가미로 숨쉬지 않는다.
모든 포유동물은 물고기가 아니다.

2격의 기억어 Camestres는 C로 시작되기 때문에 1격의 Celarent 로 환원될 수 있다. 기억어 Camestres에서 보면 소전제인 e명제 바로 다음에 s가 있기 때문에 먼저 소전제를 환위한다. 그러면 소 전제는 「아가미로 숨쉬는 모든 동물은 포유동물이 아니다」가 된 다. 다음에는 소전제와 대전제의 위치를 교환해야 한다. 기억어 Camestres는 자음 m을 가지기 때문이다. 환원한 결과는 다음과 같다.

아가미로 숨쉬는 모든 동물은 포유동물이 아니다.
모든 물고기는 아가미로 숨쉰다.
그러므로 모든 물고기는 포유동물이 아니다. → 그러므로 모 든 포유동물은 물고기가 아니다.

그런데 Camestres에서 보면 결론의 e명제 바로 다음에도 s가 있 기 때문에 결론을 다시 한 번 환위해야 한다. 그렇다면 결론은 「모든 물고기는 포유동물이 아니다」가 된다.

(4) Festino(EIO-2) → Ferio

모든 국회의원들은 사기꾼이 아니다.
어떤 변호사들은 사기꾼이다.

그러므로 어떤 변호사들은 국회의원이 아니다.

기억어 Festino는 F로 시작되기 때문에 1격의 Ferio로 환원될 수 있다. Festino에 보면 대전제의 e명제 바로 다음에 자음 s가 있기 때문에 1격으로 환원하기 위해서는 대전제를 환위해야 한다. 그 결과는 다음과 같다.

모든 사기꾼은 국회의원이 아니다.
어떤 변호사들은 사기꾼이다.
그러므로 어떤 변호사들은 국회의원이 아니다.

B. 3격을 1격으로 환원하기

(1) Bocardo(OAO-3) → Bɛbara

어떤 국회의원들은 거짓말을 하지 않는다.
모든 국회의원들은 정치가이다.
그러므로 어떤 정치가들은 거짓말을 하지 않는다.

기억어 Bocardo는 자음 B로 시작되기 때문에 1격의 Babara로 환원될 수 있다. 그러나 그 기억어는 단어 첫머리가 아니라 가운데에 자음 c를 가지므로 1격으로 환원될 때 논리적 일관성을 가지지 않는다. 그럼에도 불구하고 1격으로 환원하는 것은 위의 A.(1)의 경우처럼 간법적인 방법 즉 귀류법을 통해 원 삼단논법의 타당성을 증명하기 위해서이다. 이를 위해서는 먼저 원 삼단논법의 결론과 모순되는 명제를 대전제로 하는 새로운 삼단논법을 만든다. 위의 논증의 결론인 「어떤 정치가들은 거짓말을 하지 않는다」의 모순명제는 「모든 정치가들은 거짓말을 한다」이다. 이 명제를 대전제로 하고 원 삼단논법의 소전제를 소전제로 하는 삼단논법을 구성하면 다음과 같다.

모든 정치가들은 거짓말을 한다.
모든 국회의원들은 정치가이다.
그러므로 모든 국회의원들은 거짓말을 한다.

새로운 삼단논법의 결론인 「그러므로 모든 국회의원들은 거짓말을 한다」는 결론은 거짓이므로 전제들 중 하나인 「모든 정치가들은 거짓말을 한다」는 거짓이 된다. 그러므로 원 삼단논법의 「그러므로 어떤 정치가들은 거짓말을 하지 않는다」는 명제는 참이다.

(2) Datisi(AII-3) → Darii

　모든 국회의원들은 정치가이다.
　어떤 국회의원들은 변호사이다.
　그러므로 어떤 변호사들은 정치가이다.

　기억어 Datisi는 D로 시작되기 때문에 1격의 Darii로 환원될 수 있다. 그리고 그 기억어는 소전제 바로 뒤에 자음 s를 가지기 때문에 1격으로 환원될 때 소전제가 환위되어야 한다. 그 결과는 다음과 같다.

　모든 국회의원들은 정치가이다.
　어떤 변호사들은 국회의원이다.
　그러므로 어떤 변호사들은 정치가이다.

(3) Disamis(IAI-3) → Darii

　어떤 과일은 사과이다.
　모든 과일은 식물이다.
　그러므로 어떤 식물은 사과이다.

기억어 Disamis는 대전제와 결론의 뒤에 각각 자음 s를 가지고 있으며 동시에 자음 m을 가지고 있기 때문에 1격으로 환원될 때 세 가지 조건이 충족되어야 한다. 먼저 대전제 바로 뒤에 s가 있기 때문에 대전제를 환위해야 한다. 다음에 자음 m은 대전제와 소전제의 위치를 바꿀 것을 지시한다. 그리고 마지막으로는 결론을 환위해야 한다. 그 결과 논리적으로 원래의 삼단논법(IAI-3)과 논리적으로 일치되는 다음과 같은 새로운 삼단논법이 형성된다.

모든 과일은 식물이다.
어떤 사과는 과일이다.
그러므로 어떤 사과는 식물이다. → 그러므로 어떤 식물은 사과이다.

(4) Ferison(EIO-3) → Ferio

복 있는 사람들은 악인의 꾀를 따라가지 않는다.
복 있는 사람들 중 어떤 사람들은 정의를 추구하는 사람들이다.
그러므로 정의를 추구하는 어떤 사람들은 악인의 꾀를 따르지 않는다.

기억어 Ferison은 소전제 다음에 자음 s를 가지므로 1격으로 환원할 때 소전제를 단순환원하는 것이 필요하다. Ferison은 그 외의 다른 조건이 필요 없이 1격의 Ferio로 환원된다. 위의 예제를 환원하면 다음과 같은 논증이 된다.

복 있는 사람은 악인의 꾀를 따르지 않는다.
정의를 추구하는 어떤 사람들은 복 있는 사람들이다.
그러므로 정의를 추구하는 어떤 사람들은 악인의 꾀를 따르지 않는다.

C. 4격을 1격으로 환원하기

(1) Camenes(AEE-4) → Celarent

복 있는 사람은 하늘의 뜻을 늘 묵상하는 사람이다.
하늘의 뜻을 늘 묵상하는 사람은 악인의 꾀를 따르지 않는다.
그러므로 악인의 꾀를 따르는 사람은 복 있는 사람이 아니다.

기억어 Camenes는 처음이 C로 시작되기 때문에 1격의 Celarent로 환원될 수 있는데, 이를 위해서는 두 가지 조건이 필요하다. 먼저 그 기억어에는 자음 m이 있기 때문에 대전제와 소전제를 교환할 필요가 있다. 그런 다음 결론 다음에 자음 s가 있기 때문에 마지막으로 결론의 주어와 술어를 교환해야 한다. 그 결과는 다음과 같다.

> 하늘의 뜻을 늘 묵상하는 사람은 악인의 꾀를 따르지 않는다.
> 복 있는 사람은 하늘의 뜻을 늘 묵상하는 자이다.
> 그러므로 복 있는 사람은 악인의 꾀를 따르는 사람이 아니다. → 그러므로 악인의 꾀를 따르는 사람은 복 있는 사람이 아니다.

(2) Dimaris(IAI-4) → Darii

> 어떤 예술가는 시적 영감을 가지고 있다.
> 시적 영감을 가지고 있는 모든 사람은 시인이다.
> 그러므로 어떤 시인은 예술가이다.

기억어 Dimaris는 D로 시작되므로 1격의 Darii로 환원될 수 있는데, 이때 두 가지 조건이 충족되어야 한다. 먼저 그 기억어에 있는 자음 m은 대전제와 소전제의 교환을 요구한다. 둘째, 결론의 I 명제 다음에 있는 자음 s는 환원된 논증의 결론을 단순환원할 할 것을 요구한다. 그 결과는 다음과 같다.

시적 영감을 가지고 있는 모든 사람은 시인이다.
어떤 예술가는 시적 영감을 가지고 있다.
그러므로 어떤 예술가는 시인이다. → 그러므로 어떤 시인은
예술가이다.

(3) Fresison(EIO-4) → Feⅰio

어떤 철학자도 목전의 이익을 추구하지 않는다.
목전의 이익을 추구하는 어떤 사람들은 실용주의자들이다.
그러므로 어떤 실용주의자들은 철학자가 아니다.

기억어 Fresison은 F로 시작되기 때문에 1격의 Ferio로 환원될
수 있다. 그리고 대전제와 소전제 뒤에 각각 자음 s가 있기 때문에
1격으로 환원될 때 각 전제들을 단순환위해야 한다. 그 밖에 다른
필요조건은 없다.

목전의 이익을 추구하는 어떤 사람도 철학자가 아니다.
어떤 실용주의자들은 목전의 이익을 추구한다.
그러므로 어떤 실용주의자들은 철학자가 아니다.

2.3.2. 가언적 삼단논법

가언명제란 「만일 ~이면 ~이다」라는 형식의 명제로 「S ⊃ P」라는 기호로 표시한다. 그리고 기호 ⊃앞에 있는 개념(S)을 전건이라 하고 뒤에 있는 개념(P)을 후건이라 한다. 가언명제로 구성된 삼단논법을 가언적 삼단논법이라 하는데, 대전제만 가언명제이고 소전제와 결론은 정언명제로 구성된 「반(半)가언적 삼단논법」과 세 개의 명제들이 모두 가언명제들로 구성된 「전(全)가언적 삼단논법」이 있다.

2.3.2.1. 반가언적 삼단논법

대전제가 가언명제이고 소전제와 결론은 정언명제로 구성된 삼단논법으로 소전제가 대전제의 전건이나 후건을 긍정하거나 부정하는 논증방법이다. 이 방법에 속하는 논증형식에는 전건을 긍정함으로써 후건을 긍정하는 전건긍정식, 전건을 부정함으로써 후건을 부정하는 전건부정식, 후건을 긍정함으로써 전건을 긍정하는 후건긍정식, 후건을 부정함으로써 전건을 부정하는 후건부정식의 네 가지 형식들이 있는데 그 중에서 논리적으로 타당한 형식은 전건긍정식과 후건부정식뿐이다.

전건긍정식

S ⊃ P	까마귀가 날면 배가 떨어진다.
S	까마귀가 날았다.
∴ P	그러드로 배가 떨어진다.

전건부정의 오류

S ⊃ P	까마귀가 날면 배가 떨어진다.
- S	까마귀가 날지 않았다.
∴ - P	그러드로 배가 떨어지지 않는다.

후건부정식

S ⊃ P	까마구가 날면 배가 떨어진다.
- P	배가 떨어지지 않았다.
∴ - S	그러므로 까마귀가 날지 않았다.

후건긍정의 오류

S ⊃ P	까마구가 날면 배가 떨어진다.
P	배가 떨어졌다.
∴S	그러므로 까마귀가 날았다.

2.3.2.2. 전가언적 삼단논법

3개의 명제들이 모두 가언명제로 구성된 삼단논법으로 정언적 삼단논법의 경우와 마찬가지로 그 형식에 있어서 4개의 격을 가진다.

긍정적 긍정식

M ⊃ P	교육열이 높아지면 문화가 향상된다.
S ⊃ M	민중이 자각하면 교육열이 높아진다.
∴S ⊃ P	∴민중이 자각하면 문화가 향상된다.

이 논증형식은 정언적 삼단논법의 1격과 같은 형식으로 대전제의 전건과 소전제의 후건이 매개념의 역할을 하고 있다. 매개념의 역할을 하는 M을 매개로 하여 전건인 S를 긍정하여 P를 결론으로 이끌어내는 전건긍정식의 일종이다.

긍정적 부정식

P ⊃ M	교양 있는 사람이면 공중도덕을 지킨다.
S ⊃-M	야만인이라면 공중도덕을 지키지 않는다.
∴ S ⊃-P	∴ 야만인이라면 교양 있는 사람이 아니다.

이 논증형식은 정언적 삼단논법의 2격과 같은 형식으로 대전제와 소전제의 후건이 매개념의 역할을 한다. 정언적 삼단논법의 2격에서 보면 매개념이 한 번만 주연되기 위해 매개념 중 하나가 부정명제이듯이 가언적 삼단논법의 이 식에서도 소전제가 부정명제이다. 이 논증형식은 소개념의 전건인 S를 긍정하고 매개념의 역할을 하는 후건 M의 부정을 매개로 하여 대전제의 전건인 P의 부정을 결론으로 이끌어 내는 논증형식으로 전건긍정과 후건부정이 혼합된 논증방식이다.

부정적 긍정식

    - M ⊃ P   도덕이 없으면 이기심이 발호한다.

     M ⊃ S   도덕이 있으면 질서가 유지된다.

   ∴- S ⊃ P   ∴ 질서가 유지되지 않으면 이기심이 발호한다.

이 논증은 소전제의 후건 S를 부정하여 - M을 결론으로 이끌어 낸다. 그리고 그렇게 이끌어낸 결론 - M을 전건으로 하여 전건긍정에 의해 후건 P를 최종적인 결론으로 추론해 내는 후건부정과 전건긍정이 혼합된 논증방법이다.

부정적 부정식

    P ⊃ M   만약 위생관리가 철저하면 전염병이 억제된다.

$M \supset S$ 전염병이 억제되면 사망률이 줄어든다.

$\therefore -S \supset -P$ $\therefore$ 사망률이 줄어들지 않으면 위생관리가 철저하지 못한 것이다.

이 논증은 후건인 S를 부정하여 매개념의 역할을 하는 - M을 일차적인 결론으로 끌어내고 - M을 대전제의 후건으로 하여 후건부정에 의해 - P를 최종적인 결론으로 이끌어내는 후건부정의 논증형식이다.

2.3.3. 선언적 삼단논법

선언적 삼단논법은 대전제가 선언명제이고 소전제가 대전제의 선언지 중 하나를 긍정하거나 부정함으로써 다른 선언지를 부정하거나 긍정하는 삼단논법이다. 선언명제란 「A는 B이거나 C이다」라는 형식의 명제이며 「B ∨ C」라고 기호로 표현한다. 이때 기호 「∨」는 「또는」을 표시하며, B와 C를 각각 「선언지」 또는 「뿔」이라 한다. 이때 중요한 것은 선언지들은 서로 배타적 모순관계에 있어야 한다는 것이다. 선언적 삼단논법은 다음과 같은 두 종류가 있다.

(1) 긍정적 부정식

　내년은 평년이든가 윤년이다.
　내년은 평년이다.
　그러므로 내년은 윤년이 아니다.

(2) 부정적 긍정식

　그는 부자이거나 가난하다.
　그는 부자가 아니다.
　그러므로 그는 가난하다.

　이상의 두 종류의 선언적 삼단논법에서 주의할 것은 대전제에서 선언지들은 서로 배타적 모순관계에 있어야 한다는 것이다. 특히 「긍정적 부정식」의 경우에 그렇다. 만일 대전제를 구성하는 선언명제의 선언지들이 서로 모순관계에 있지 않고 반대관계에 있다면 하나의 선언지가 참이라고 해서 다른 선언지가 반듯이 거짓이 되지는 않는다. 두 선언지가 모두 참일 수도 있기 때문이다. 다음의 예가 그렇다.

이 도형은 삼각형이든가 사각형이다.

이 도형은 삼각형이다.

그러므로 이 선은 사각형이 아니다.

위의 예문에서 삼각형과 사각형은 모순관계에 있지 않고 반대
관계에 있다. 도형에는 원도 있고 이등변삼각형도 있기 때문이다.
그러므로 하나의 도형이 삼각형이 아니라고 해서 반듯이 사각형
이 아니라는 결론이 나오는 것은 아니다. 그러나 「긍정적 부정식」
의 경우는 두 선언지가 서로 반대관계에 있어도 성립한다. 두 선
언지가 반대관계에 있다할지라도 동시에 참일 수는 있지만 동시
에 거짓일 수는 없기 때문이다. 다음의 경우가 그렇다.

이 도형은 삼각형이든가 사각형이다.

이 도형은 삼각형이 아니다.

그러므로 이 도형은 사각형이다.

2.3.4. 딜레마 또는 양도논법

어원적으로 볼 때 「2개의 가정」(di-: 둘 + lemma: 가정)을 의미하는

딜레마는 대전제가 2개의 가언명제이고 소전제가 선언명제로 구성된 삼단논법의 한 형태이다. 「딜레마」란 명칭은 2개의 가언명제들로 구성된 대전제에서 유래했고, 「양도논법」이란 명칭은 선언명제로 구성된 소전제의 명제형식에서 유래했다. 딜레마는 주로 상대방의 주장을 논박하고자 할 때나 궁지에서 벗어나고자 할 때 사용되는 논증형태이다.

딜레마는 결론이 정언명제이냐 선언명제이냐에 따라 단순딜레마와 복합딜레마로 나뉘며, 소전제가 대전제의 전건을 긍정하느냐 아니면 대전제의 후건을 부정하냐에 따라 구성적 딜레마와 파괴적 딜레마로 구분된다. 따라서 딜레마는 다음과 같은 네 가지 형식들이 가능하다.

(1) 단순 구성적 딜레마

$$(A \supset B) \cdot (C \supset B)$$
$$A \lor C$$
$$\therefore B$$

(2) 단순 파괴적 딜레마

$$(A \supset B) \cdot (A \supset C)$$
$$- B \lor - C$$
$$\therefore - A$$

(3) 복합 구성적 딜레마

$$(A \supset C) \cdot (B \supset D)$$
$$A \lor B$$
$$\therefore C \lor D$$

(4) 복합 파괴적 딜레마

$$(A \supset C) \cdot (B \supset D)$$
$$- C \lor - D$$
$$\therefore - A \lor - B$$

2.3.4.1. 딜레마의 규칙

위에서 우리는 딜레마의 종류에 관해 살펴보았다. 그리고 딜레마는 우리가 일상생활에서 다른 사람의 의견을 논박하거나 아니면 자기의 정당성을 주장할 때 가장 빈번하게 사용하는 논증형식이다.

만일 이 논증방식을 타당하게 사용하면 자신의 주장을 설득력 있게 제시할 수 있고 다른 사람의 잘못된 주장을 효과적으로 논파할 수 있게 된다. 그러나 동시에 괴변에 빠질 위험성도 있다. 그렇다면 어떻게 괴변에 빠지는 오류를 피할 수 있는가? 오류를 피하기 위해 지켜야 할 다음과 같은 일정한 규칙들이 있다.

(1) 소전제로 사용된 선언명제의 선언지들은 가능한 모든 경우들을 다 제시해야 한다.
(2) 대전제의 가언명제에 있어서 전건과 후건은 논리적 필연성을 가져야 한다.
(3) 소전제의 선언명제는 대전제의 전건을 긍정하든가 후건을 부정해야 한다.

2.3.4.2. 딜레마를 이용한 논증기법

위에서 우리는 딜레마의 규칙들을 보았는데 그 중에서도 가장 중요한 것은 대전제의 전전과 후건이 논리적으로 필연성을 가져야 한다는 규칙 (2)이다. 이 규칙이 지켜지지 않았을 때 딜레마는 괴변에 빠지게 된다. 그리고 만일 상대방이 전건이 가지는 하나의 후건을 들어 괴변을 펴면 그가 간과한 다른 선언지를 지적함으로써 그 괴변에서 벗어날 수 있다. 괴변으로 상대방을 함정에 빠뜨리는 것을 「뿔로 잡는다」고 하며, 간과된 선언지를 지적하여 그 괴변에서 벗어나는 것을 「뿔 사이로 피한다」고 한다. 이에 관해 보다 구체적으로 살펴보자.

   (1) 뿔로 잡기. 하나의 가언명제에 있어서 동일한 전건이 서로 모순된 2개의 후건을 가질 수 있다. 이때 한 쪽의 후건만을 들어 딜레마를 구성함으로써 괴변으로 상대방을 곤경에 빠뜨리는 것을 「뿔로 잡는다」고 한다.

   (2) 뿔 사이로 피하기. 하나의 가언명제에는 동일한 전건이 서로 모순된 두 개의 후건을 가질 수 있다. 이때 상대방이 한 쪽의 후건만을 들어

레마를 구성하였다면 간과된 다른 후건을 지적함으로써 그를 반박할 수 있다. 이것을 「뿔 사이로 피한다」고 한다.

위에서 우리는 딜레마에 빠뜨리는 방법(뿔로 잡기)과 딜레마에서 벗어나는 방법(뿔 사이로 피하기)을 살펴보았는데 이제 유명한 일화를 통해 구체적으로 살펴보자.

그리스의 유아틀루스르는 청년이 논쟁술을 배우기 위해 당시 논쟁술의 대가인 프로타고라스를 찾아가 논쟁술을 가르쳐 주는 대가로 수업료의 반은 당장 지불하고 나머지 반은 기술이 진보한 후에 지불하기로 약속했다. 그러나 그 후 논쟁술이 진보하였음에도 불구하고 청년이 약속을 이행하지 않자 프로타고라스는 그 청년을 법정에 고소하여 다음과 같이 주장했다. 「만일 그대가 승소하면 그대의 변론술이 진보한 증거이니 약속에 의해 수업료의 나머지 반을 지불해야 할 것이며, 그대가 패소하면 법의 판결에 의해 지불해야 할 것이다.」 이에 대해 청년은 다음과 같이 주장했다. 「만일 내가 승소하면 법의 판결에 의해 지불할 필요가 없을 것이며, 패소하면 변론술이 전혀 진보하지 못한 증거이니 약속에 의해 나머지 반을 지불할 의무가 없습니다.」

이렇게 동일한 경우에 서로 모순되는 두 가지 주장이 모두 가능한 것은 동일한 전건에 대해 서로 모순된 두 가지 후건이 가능하기 때문이다. 즉 「만일 승소하면」이라는 전건에 대해 「약속에 의해 지불할 의무가 있다」는 후건과 「법의 판결에 의해 지불할 필요가 없다」는 두 가지 후건이 모두 가능하며, 「만일 패소하면」이라는 전건에 대해서는 「법의 판결에 의해 지불해야한다」는 후건과 「약속에 의해 지불할 의무가 없다」는 전혀 모순된 두 가지 후건이 모두 가능하기 때문이다. 프로타고라스는 자기에게 유리한 두 개의 뿔을 택하여 뿔로 잡으려 했고, 제자도 역시 자기에게 유리한 두 뿔을 택하여 그 뿔 사이로 피하고자 한 것이다.

● **다음은 성서에 나타나는 유명한 일화이다. 밑줄 친 부분은 딜레마의 논증구조를 가지고 있다. 그 구조를 기호화해 보자.**

그들은 다시 예루살렘에 들어 가니라. 예수께서 성전에서 거니실 때에 대제사장들과 서기관들과 장로들이 나아와 이르되 무슨 권위로 이런 일을 하느냐? 누가 일 할 권위를 주었느냐? 예수께서 이르시되 나도 한 말을 너희에게 물으리니 대답하라 그리하면 나도 무슨 권위로 이런 일을 하는지 이르리라.

요한의 세례가 하늘로부터냐 사람으로부터냐 내게 대답하라.
그들이 서로 의논하여 이르되 만일 하늘로부터라 하면 어찌
하여 그를 믿지 아니하였느냐 할 것이니 그러면 사람으로부
터라 할까 하였으나 모든 사람이 요한을 참 선지자로 여기므
로 그들이 백성을 두려워하는지라 이에 대답하여 이르되 우
리가 알지 못하노라 하니 예수께서 이르시되 나도 무슨 권위
로 이런 일을 하는지 너희에게 이르지 아니하리라 하시니라.

(마가복음 11:27-33)

2.3.5. 귀류법(歸謬法; reductio ad absurdum)

「귀류법」은 그 개념은 라틴어 의미가 「모순으로의 환원」
(reductio ad absurdum)이라는 사실에서 알 수 있듯이 가언명제의 후
건이 모순임을 밝힘으로써 전건이 거짓임을 증명하는 후건부정과
같은 형식의 논증방식이다. 그 논증구조는 다음과 같은 도식으로
표시할 수 있겠다.

$$P \supset (q \cdot \lnot q)$$
$$\overline{\qquad\qquad}$$
$$\lnot P$$

이때 전건 p는 하나의 주장이나 이론을 나타내며, 후건 (q · -q)는 모든 유형의 논증방식에 의해 도출된 결론과 그 결론의 모순으로 구성된다. 예를 들면, "~의 주장에 의하면" 또는 "~의 이론에 의하면" 등이 전건의 p에 해당된다. 그리고 후건 (q · -q)는 "~의 주장에 의하면 ~이다. 그런데 사실은 그렇지 않다"와 같은 경우이다. 예를 들면 다음과 같은 논증이 그렇다.

어떤 심리학 이론에 의하면 행복한 사람들은 모두 다른 사람들과 친밀한 관계를 가진다. 그런데 어떤 위대한 작곡가들은 다른 사람들과 친밀한 관계를 가지지 않고 고독하게 혼자 시간을 보내지만 행복해 한다. 그러므로 이 심리학 이론은 잘못된 이론이다.

위의 예문에서 "어떤 심리학 이론에 의하면"이 위의 논증구조에서 p에 해당된다. 그리고 이 심리학 이론이 주장하는 이론의 논지는 다음과 같이 구성될 수 있겠다.

행복한 사람들은 다른 사람들과 친밀한 관계를 가지는 사람들이다.
어떤 위대한 작곡가들은 고독하게 시간을 보내는 사람들이다. (다른 사람들과 친밀한 관계를 가지는 사람들이 아니다).

그러므로 어떤 위대한 작곡자들은 행복한 사람들이 아니다.

(그런데 사실은 어떤 위대한 작곡가들은 행복한 사람들이다).

위의 논증의 결론인 "그러므로 어떤 위대한 작곡자들은 행복한 사람들이 아니다"와 그의 부정인 "그런데 사실은 어떤 위대한 작곡가들은 행복한 사람들이다"가 (q · -q)에 해당된다. (q · -q)는 심리학 이론에 따른 결론이 모순임을 나타낸다. 그리고 이런 모순으로부터 전건인 p(어떤 심리학이론)의 거짓이 증명된다.

● 귀류법에 근거하여 다음 제시문의 논증구조를 살펴보자.

뉴라이트재단 이사장 안병직 서울대 경제학과 명예교수가 진보학계의 원로 백낙청 서울대 영문과 명예교수를 실명으로 비판했다. 27일 출간된 뉴라이트재단 기관지 『시대정신』(2006년 겨울호)에 기고한 「허구로서의 분단체제」를 통해서이다. 안 교수는 "백낙청 교수의 분단체제론은 논리적으로 성립하지 않는다"고 주장했다.

분단체제론은 백 교수가 한국사회를 분석하며 주장한 이론으로 남북을 아우르는 하나의 분단체제가 한반도에 작동하고 있다는 것이다. 이에 대해 안 교수는 "남북문제의 해결과 연관시키지 않고는 산업화, 민주화 및 선진화와 같은 국정과제가 풀리지 않는다는 것이 백 교수의 주장"이라며 "정말 우리가 남북문제를 우선적으로 풀지 않고는 산업화나 민주화나 선진화를 제대로 달성할 수 없는 것인가"라고 되물었다.

안 교수는 "백 교수의 분단체제론이 성립하기 위해서는 여러 모순이나 여러 체제를 변수로 환원시킬 수 있어야 하는데, 그런 방법이 없다"고 꼬집었다.

(『중앙일보』(2006년 11월 28일 22면)

먼저 백 교수의 이론을 정리하면 다음과 같다.

대전제 : 산업화, 민주화 및 선진화와 같은 국정과제들의 해결은 남북문제의 해결을 전제로 하는 것이다.

소전제 : 남북문제의 해결을 전제로 한다는 것은 여러 모순이나 여러 체제를 변수로 환원시킬 수 있어야 한다는 것이다.

결론 : 그러므로 산업화, 민주화 및 선진화와 같은 국정과제들의 해결은 여러 모순이나 여러 체제를 변수로 환원시킬 수 있어야 한다.

안 교수는 위의 결론이 잘못되었음을 지적하여 백 교수의 이론 전체가 잘못임을 지적하고 있다.

2부 _ **논술**

2

논술, 논리적(비판적) 글쓰기

「글쓰기」와 관련되어 제기되는 두 가지 물음이 있다면 「무엇」과 「어떻게」일 것이다. 「무엇」이란 글을 통하여 드러내고자 하는 것이 무엇이냐에 관한 물음이다. 거기에는 글을 쓰는 이의 「논지」와 그 논지를 뒷받침할 「정보」가 포함된다. 그리고 「어떻게」

는 그 논지와 정보를 어떻게 논리적으로 전개할 것이냐에 관한 물음이다.

아리스토텔레스에 의하면 모든 존재자는 「형상」과 「질료」라는 두 요소로 구성된다. 형상이란 어떤 존재자를 다른 것이 아닌 바로 그 존재자이게 하는 것, 그것이 없으면 더 이상 어떤 것일 수 없는 것이다. 아리스토텔레스는 이것을 「에이도스」(eidos)라 하는데 이는 플라톤의 「이데아」에 해당된다. 이것은 한 존재자에게 필연적인 요소이다. 다른 한편, 존재자를 구성하고 있는 요소로서의 질료는 형상이 드러나는 장소, 형상이 구체화되어 나타나는 장소이다. 무시간적인 형상이 시간과 공간의 형식으로 구체화되는 장소이다. 그러나 질료는 형상과는 달리 다른 질료에 의해 대체될 수도 있는 우연적인 요소이다. 예를 들면, 사람을 사람이게 하는 사람의 형상은 사람답기 위한 필연적인 요소로 소크라테스는 그 요소들을 지혜, 용기, 절제, 정의라 했다. 어떤 존재자가 이런 요소를 갖추고 있을 때 그 존재자는 사람다운 존재자이며, 우리는 그런 사람을 사람으로서의 덕을 갖춘 사람이라 한다. 그러나 그의 외모의 어떠함은 사람다움의 필연적인 요소는 아니다. 모든 사람들은 모두 다른 외모를 가지지만 사람이듯이 말이다. 팔이 하나 없다고 사람이 아닐 수는 없다. 팔이나 다리 등은 우연적인 요소로서의 질료이기 때문이다.

글을 쓰는데 있어서도 그 글을 구성하고 있는 두 요소로서의 형상과 질료가 있다. 사물어 있어서 질료가 형상의 장소라면 어떤 대상을 드러내는 글은 대상의 형상을 질료를 통해 드러내는 것이다. 그렇다면 글이 드러내고자 하는 대상의 형상은 무엇인가? 그것은 바로 글을 쓰는 사람에게 나타난 대상, 그가 드러내고자 하는 대상의 본질적인 모습일 것이다. 우리는 이것을 글 쓰는 이의 「논지」라고 한다. 그리고 이 논지에는 목적과 관점 등이 포함된다. 논지는 글의 필연적인 요소로, 만일 논지가 없다면 그것은 더 이상 글이 아니다. 사람의 형상이 없는 사람은 더 이상 사람이 아니고 동물에 불과하듯이 말이다. 그리고 이 논지를 드러내기 위해서는 질료적인 요소들이 사용되는데, 이 요소들은 글을 쓰는 사람에 따라 다양하다. 여기에는 여러 가지 정보들과 개념들이 포함된다. 글이란 일정한 상황에서 쟁점이 되는 문제가 발생했을 때 여러 가지 정보들과 개념들을 사용하여 글 쓰는 이의 논지를 전개하는 것이다.

「드러냄」에 있어서 중요한 것은 존재자를 존재자로서 드러내는 것이다. 여기서 우리는 「~로서」에 주목할 필요가 있다. 이제 이 「~로서」와 함께 글쓰기의 「어떻게」라는 물음에 대한 답이 주어질 것이기 때문이다. 어떻게 드러내는 것이 어떤 것을 어떤 것으로서 올바로 드러내는 것인가? 어떤 것을 바로 그것으로서(adaequatio intellectus ad rem) 드러내는 것이다. 우리는 이것을 논리적이라 말한다. 존재자의 형상 즉 논자의 논지를 논리적으로 드러내는 것이 글쓰기이다. 논리적이란 무엇이며, 논리적이기 위한 조건은 무엇인가? 이에 관해서는 위에서 이미 논의되었다. 논리적이기 위한 조건은 건전성과 타당성이다. 건전성이란 명석 분명함이며 타당성이란 논리적 일관성을 의미한다. 따라서 논리적 글쓰기란 논지가 명확하고 그 논지를 전개하는 과정이 일관성 있는 글쓰기이다.

이상에서 논의 되었듯이 좋은 글을 쓰기 위해 가장 중요한 것은 「논지의 건전성」이다. 논지의 건전성은 글쓰는 이의 건전한 세계관에 기초한다. 모든 논지는 형식논리에 따라 전개되어야 하지만 그보다 중요한 것은 건전한 사고방식이다. 따라서 좋은 글을 쓰기 위해서는 건전한 세계관에 기초하여 주어진 상황에서 쟁점이 되는 문제를 논지가 분명해질 때까지 생각하는 것이 중요하다. 그 논지가 분명해졌을 때 비로소 글을 쓰기 시작해야 한다. 논지가

---

6 _ 글쓰기의 3가지 유형"에 관한 쇼펜하우어의 다음과 같은 구분은 논지의 분명함을 기준으로 한 것이라 할 수 있다. "우리 시대의 저술가는 세 가지 그룹으로 나눌 수 있다. 첫 번째 그룹에 속하는 사람들은 생각하지 않고 글을 쓴다. 다시 말해 자신의 지극히 개인적인 기억과 추억을 바탕으로 글을 쓰거나, 타인의 저서를 인용하는 것이다. 저술가 중 대부분이 첫 번째 그룹에 속한다. 두 번째 그룹에 속하는 사람들은 쓰면서 생각한다. 즉 무엇인가 쓰기위해 생각하는 것이다. 세 번째 그룹에 속하는 사람들은 책상에 앉기 전데 필요한 모든 사색을 끝마친다. 그들이 남긴 저작들은 오래 전에 자신의 머리에서 결론을 내린 확고한 신념의 결과이다. ..."

분명해지지 않은 상태에서 글을 쓴다면 독자를 혼란시킬 뿐이다.[6] 좋은 글을 쓰기 위한 또 하나의 조건은 건전한 논지를 일관성 있게 전개하는 것이다. 즉 논지를 전개하기 전에 논리적인 뼈대를 구성하는 것이 중요하다. 우리는 이를 위해 위에서 타당한 삼단논법의 조건들에 관해 살펴보았다. 우리는 분명하게 설정된 논지로부터 소개념(S)과 대개념(P)을 구분해 낼 수 있다. 중요한 것은 이 두 개념을 매개해 주는 매개념(M)을 찾아내는 것이다. 이 매개념을 찾기 위해서는 사색이 중요하다.

사색의 과정을 통해 찾아낸 매개념에 따라 논증의 깊이와 넓이 즉 설득력이 결정된다. 논지는 맨 앞에서 한 번 제시되고 결론에서 다시 제시될 수도 있다. 전제들과 결론으로 구성된 이 논증이 글의 본론 부분에 해당될 것이다. 서론은 글을 쓰는 목적과 전개 방식 또는 그에서 사용될 개념들에 관한 설명 등이 있을 수 있다.

"집필하고자 하는 테마의 소재를 자신의 머릿속에서 끄집어낼 수 있는 작가만이 후세에도 그 가치가 변하지 않는 위대한 저술가로 기억될 것이다. 그런데 대부분의 작가들은 필요한 테마의 소재를 타인의 저술에서 도용하는 경우가 많다. 이것은 일종의 강탈행위이며 범법행위이다. 그들은 지혜를 빌려준 다른 작가에게 지적 통행세나 급료를 지불하지 않는다. 게다가 타인의 책에서 자신의 손가락으로 옮겨지는 글쓰기의 결과, 무엇을 주장하고 있는지, 대체 무슨 의미를 담고 있는지 도저히 이해할 수 없는 문구들이 나열되기 일쑤이다. 그 때문에 공연히 독자의 머리만 혹사당하는 경우가 많다." (쇼펜하우어, 『문장론』, 김욱 역, (지훈, 2005), 51, 53쪽.

결론은 본론에서 제시된 논증구조를 다시 한 번 확인하는 작업일
수 있다.

예를 들어, 「문화의 본질은 타인에 대한 배려에 있다」는 논지로
글을 쓴다고 하자. 우리는 문화의 본질에 관해 다음과 같은 논증
구조로 글을 전개할 수 있을 것이다.

주장하고자 하는 논지는 이미 제시되었듯이 「문화의 본질은 타
인을 배려하는데 있다」이다. 이때 소전제를 구성하는 소개념은
「문화의 본질」이며, 대개념은 「타인에 대한 배려」이다. 따라서 소
전제는 「문화의 본질은 (   )이다」이며, 대전제는 「(   )(은)
는 타인에 대한 배려이다」가 된다. 중요한 것은 매개념을 무엇으
로 할 것인가 하는 것인데, 이는 글을 쓸 때의 상황(context)과 글을
쓰는 이의 의도나 목적, 쟁점이 되는 문제가 무엇이냐에 따라 달
라질 것이다. 그리고 이 매개념은 글의 깊이와 넓이를 결정하는
중요한 요소이다. 그러므로 좋은 글을 쓰기 위해서는 건전한(분명
한) 논지와 함께 매개념을 둘러싼 사색이 중요하다. 사색이란 매
개념을 무엇으로 할 것이며 그 매개념을 어떻게 분명하게 제시할
것인가에 관한 사색이다.

다음과 같이 소전제를 구성할 수 있을 것이다. 문화(culture;
Kultur)란 「경작하다」 또는 「가공하다」는 뜻의 라틴어 colo에서 기

원된 개념이다. colo의 명사형이 cultus(경작, 가공)이며 여기서 culture와 Kultur란 개념이 유래했다. 따라서 문화의 본질은 인위적으로 가공하는 것인데, 그렇다면 무엇을 가공한다는 말인가? 자연적인 상태를 가공한다는 의미이다. 그리고 이때 자연적인 상태란 동물적인 본성을 가지는 인간성을 의미한다. 동물적인 상태에 있는 인간의 특징은 만인의 만인에 대한 투쟁이다. 문화란 이런 자연적 상태의 인간성을 가공하는 것이다. 이런 가공은 교양교육(Bildung)을 통해 가능하며, 교양교육을 통해 가공될 때 인간은 교양인(Der gebildete Mensch)이 된다.

대전제 : 자연적 상태의 인간성을 가공한다는 것은 인간이 서로 투쟁하는 것이 아니라 조화를 이루며 살아가도록 한다는 것이다. 조화는 정신의 작용이다. 정신의 본질은 자유이며 이 자유는 상호교류에 의한 정체성 확인에 그 본질이 있기 때문이다. 상호 교류하는 정신의 자유는 "다른 것 속에서 자기 자신의 정체성을 가짐"(Im anderen bei sich sein)이다. 이러한 정신이 구체적으로 나타날 때 즉 그 정신이 시간화되고 공간화될 때 문화가 형성된다. 그 정신이 시간화될 때 시대정신이 되며, 공간화될 때 특정 지역의 특수한 문화가 형성된다. 시대와 장소에 따라 다른 문화가 형성되며, 같은 시대

와 장소라도 집단에 따라 서로 다른 문화가 형성되는 것은 이 때문이다. 문명이 획일적인데 비해 문화가 다양한 것은 그것이 정신의 표현이기 때문이다. 정신의 시간화와 공간화는 구체적으로 예술로서 나타난다. 예술이 화석화될 때 문명이 되며, 문명의 단계를 거쳐 역사는 몰락한다. (제국주의는 문명의 산물이다). 그리고 조화는 나의 자유가 타인에 의해 제한을 받을 때 즉 내가 나의 무제한적인 자유를 제한할 때 가능하다. 내가 타인 앞에서 나의 자유를 제한하는 것은 내가 얼굴을 가지고 타자의 얼굴을 대하기 때문이다. 그리고 얼굴을 가지고 얼굴을 대하기 때문에 타자를 배려한다. 따라서 자연적 상태의 인간성을 가공한다는 것은 타인을 배려하는 것이다.

결론 : 그러므로 문화의 본질은 타자에 대한 배려에 있으며, 타자에 대한 배려는 타자를 살리는 것이며, 따라서 문화의 본질은 타자를 살리는 것이다. 그리고 타자를 살리는 것을 우리는 사랑이라 한다. (결론도 삼단논법의 형식으로 구성되어 있다).

●다음의 주제들은 쇼펜하우어의 『문장론』(김욱 역, 지훈 2005)에

나오는 내용을 발췌한 것이다. 논술(글쓰기)과 관련하여 항상
염두에 두어야 할 것이다.

우리 시대의 저술가는 세 가지 그룹으로 나눌 수 있다. 첫 번째
그룹에 속하는 사람들은 생각하지 않고 글을 쓴다. 다시 말해 자
신의 지극히 개인적인 기억과 추억을 바탕으로 글을 쓰거나, 타인
의 저서를 인용하는 것이다. 저술가 중 대부분이 첫 번째 그룹에
속한다. 두 번째 그룹에 속하는 사람들은 쓰면서 생각한다. 즉 무
엇인가 쓰기위해 생각하는 것이다. 세 번째 그룹에 속하는 사람들
은 책상에 앉기 전데 필요한 모든 사색을 끝마친다. 그들이 남긴
저작들은 오래 전에 자신의 머리에서 결론을 내린 확고한 신념의
결과이다. ...

집필하고자 하는 테마의 소재를 자신의 머릿속에서 끄집어낼
수 있는 작가만이 후세에도 그 가치가 변하지 않는 위대한 저술가
로 기억될 것이다. 그런데 대부분의 작가들은 필요한 테마의 소재
를 타인의 저술에서 도용하는 경우가 많다. 이것은 일종의 강탈행
위이며 범법행위이다. 그들은 지혜를 빌려준 다른 작가에게 지적
통행세나 급료를 지불하지 않는다. 게다가 타인의 책에서 자신의
손가락으로 옮겨지는 글쓰기의 결과, 무엇을 주장하고 있는지, 대

체 무슨 의미를 담고 있는지 도저히 이해할 수 없는 문구들이 나열되기 일쑤이다. 그 때문에 공연히 독자의 머리만 혹사당하는 경우가 많다.

- 누구나 쉽게 이해하는 글 -

독자가 이해하지 못하는 글처럼 쓰기 쉬운 글은 없다. 반대로 중요한 사상을 누구나 쉽게 이해할 수 있게 글을 쓰는 것처럼 어려운 일은 없다. … 비록 문장력은 조금 떨어지더라도 그 문장에 담긴 정신이 진리라면 언젠가는 참된 모습을 드러내게 마련이다. 호라티우스에[7] 의하면 "지혜로워지는 것은 좋은 글을 쓰기 위한 유일한 방법이다. 그러나 좋은 글을 썼다고 지혜로워지는 것은 아니다."

작문기술에 연연하는 글쓰기는 연금술사의 헛된 노력에 불과하다. 금은 결코 변하지 않는 가치이며 원래부터 금이었다. 그러나 연금술사들은 금의 대용품을 만들어내고자 무모한 연구와 어리석은 시도를 반복했다. 여기서 명심할 것은 대용품은 결코 진품이

---

7 _ 호라티우스(Horatius ; 기원전 65-8) : 로마의 시인. 아우구스투스 황제의 사랑을 받아 계관시인이 되었다.

될 수 없다는 것이다. 붓을 들고 글을 쓰려는 자는 대용품을 추구해서는 안 된다. 글을 쓰는 행위는 자신의 내면에 있는 정신의 이상을 그대로 보여주어야 한다.

위대한 사상가일수록 가능한 순수하고 명확하게, 간결하고 확실하게 자신의 사상을 표현하고자 노력했다. 단순함이야말로 진리의 특징이다. 모든 천재들 역시 단순함을 사랑했다. 아름다운 문체는 사상을 통해 만들어진다. 이 시대를 농락하는 사이비 사상가들처럼 문체를 통해 사상을 아름답게 꾸미고자 해서는 안 된다. 문체는 사상의 실루엣에 지나지 않음을 명심해야 한다. 따라서 졸렬한 문장이 탄생하는 원인은 문체가 졸렬해서가 아니라 작가의 사상이 졸렬해서이다. 읽기 쉽고 정확하게 이해되는 문체를 만들기 위해서는 먼저 주장하고 싶은 사상을 소유해야 한다.

- 간결한 문체, 적확한 표현 -

훌륭한 사상을 풍부하게 지닌 저술가는 독자의 신용을 얻기 위해 반드시 주장해야할 중대한 사상과 진실한 진리만 설파한다. 독자들이 그의 작품에 세심한 관심을 기울이는 이유도 바로 이 때문이다. 이처럼 양심적인 저술가는 자신이 실제로 주장할 수 있는 진실만을 쓰기 때문에 항상 꾸밈없는 간결한 문체와 누구나 읽고 이해할 수 있는 명확한 표현을 구사한다. 그러므로 이런 작가들은 포아로의 다음과 같은 주장에 적극적으로 찬성할 것이다. "나의 사상은 한낮의 햇살에 그 모습을 드러내고, 나의 시는 누구나 들을 수 있는 목소리로 외치며, 나의 언어는 결코 어리석은 아름다움을 추구하지 않노라." 뿐만 아니라 포아로는 현재 독일에서 명성을 떨치고 있는 작문 기술자들에 대해서도 정확하게 표현했다. "그들은 말이 많지만 그들이 하는 말 중에 진리는 없다." 이들은 자신의 주장에 대한 변명을 용이하게 하기 위해 되도록 명확한 어법을 사용하지 않는다. 이것이야말로 그들의 생태를 적나라하게 드러내는 완벽한 증거이다. 그들은 이런 특징을 통해 살아남는 집단이기 때문에 독자가 이해할 수 없는 좀 더 추상적인 표현을 추구한다. 그러난 온전한 정신을 갖춘 작가는 모든 계층의 독자들이 이해할 수 있도록 좀더 구체적인 표현을 구사한다.

- 사상의 명료성과 문체 -

어떤 사람의 머릿속에 하나의 사상이 떠오르면 그는 즉시 그 사상을 명료화하기 위해 노력하는데 이 노력의 결과가 바로 문체이다. 따라서 인간의 지성으로 고찰할 수 있는 모든 사상은 언제 어느 때나 명료하고 평범한 언어를 통해 표현할 수 있다. 다시 말해 문장이 난해하고 불분명하며 모호하다는 것은 그 문장을 조립한 작가 자신이 현재 무슨 생각을 하고 있는지 모르겠다는 응석에 불과하다.

- 간결한 표현 -

볼테르는 "형용사는 명사의 적이다"라고 말했다. 독자가 고생해서 읽을만한 가치가 없는 단어들을 길게 나열하는 행위를 피해야 한다는 것이다. 저술가는 독자의 노력과 시간 그리고 무엇보다도 인내력을 낭비시켜서는 안 된다. 무의미한 문장을 더 써넣는 것보다는 차라리 좋은 문장이라도 주제와 무관하다면 과감히 잘라내야 한다. "절반은 전체보다 낫다"는 헤시오도스[8]의 격언은 바로 이런 경우를 두고 한 말이다.

작가가 모든 것을 다 쓰려고 노력할 필요는 없다. "독자가 권태를 느끼게 하는 비결, 그것은 모든 진실을 말하는 것이다." 그러므로 될 수 있는 한 문제의 핵심과 중요한 부분만 언급하여 독자가 스스로 생각할 수 있는 여지를 남겨두어야 한다. 적은 분량의 사상을 전달하기 위해 많은 말을 하는 것은 작가의 자격이 없다는 사실을 스스로 증명하는 것밖에 되지 않는다. 모든 위대한 작가들은 다량의 사상을 표현하기 위해 소량의 언어를 사용했다.

---

8 _ 헤시오도스(Hesiodos; ?-?) : 기원전 8세기경의 그리스의 서사시인. 최초로 디케(dike : 정의)를 주제로 한 『일고· 나날』, 『신통기』등의 서사시를 남겼다. 호메로스의 『일리아스』와 『오디세우스』가 안드레이아(andreia : 용기)를 주제로 다룬 것과 비교된다.

2

삼단논법의 실용적 적용

● 삼단논법을 적용하여 다음의 논증구조를 분석해 보자.

(1)

보통사람들은 목전의 이익과 쾌락을 추구한다. 목전의 이익과
쾌락을 추구하는 사람들은 역사의 흐름에는 관심이 없다. 역사의

흐름에 관심이 없는 사람들은 역사의 주인공이 될 수 없다. 따라서 보통사람들은 역사의 들러리이다. 그러나 민주주의 체제하에서는 보통사람들의 지지를 받는 사람들이 정권을 잡는다. 그리고 정권을 잡는 사람들이 역사를 이끌어 간다. 따라서 역사는 보통사람들의 역할에 관한 한 이율배반적인 현상이다.

위의 논지는 2부분으로 구성되어 있는데, 전반부의 주장은 다음과 같이 Camenes(AEE-4)의 논증구조를 가진다.

보통사람들은 목전의 이익과 쾌락을 추구한다.
목전의 이익과 쾌락을 추구하는 사람들은 역사의 흐름에는 관심이 없다.
그러므로 보통사람들은 역사의 흐름에는 관심이 없다.

그리고 후반부는 다음과 같이 AAA-4의 논증구조를 가지는데 이는 논리적으로 부당하다.

보통사람들의 지지를 받는 사람들이 정권을 잡는다.
정권을 잡은 사람들이 역사를 이끌어 간다.
그러므로 역사를 이끌어가는 사람들은 보통사람들의 지지를 받는 사람들이다.

위의 논증구조는 다음과 같이 Babara(AAA-1)의 형식으로 바꾸면 타당한 논증형식이 될 수 있다.

정권을 잡는 사람들이 역사를 이끌어간다.
보통사람들의 지지를 받는 사람들이 정권을 잡는다.
그러므로 보통사람들의 지지를 받는 사람들이 역사를 이끌어간다.

(이 논증은 역사를 이끌어 가는 사람들이 정권을 잡는 사람들이라는 관점을 가지고 논의를 전개하는데, 그런 관점의 건전성에 관해서는 논란의 여지가 있다. 한다. 또 다른 관점에서 이 문제를 바라볼 필요도 있다).

(2)

진리와 정의를 사랑하는 사람들은 가난한 삶을 산다. 가난한 삶을 사는 사람들은 자신들이 하고 싶은 일을 마음껏 가지 못한다. 자신이 하고 싶은 일을 마음껏 하지 못하는 사람들은 창조적인 작업을 하지 못한다. 창조적인 작업을 하지 못하는 사람들은 문화와 문명의 발전에 기여하지 못한다. 따라서 문화와 문명의 발전은 진리와 정의를 사랑하는 사람들이 아닌 다른 사람들에 의해 이루어진다.

●다음의 글들은 쇼펜하우어의 『문장론』에서 발췌한 내용들이다. 이 글들의 논지와 논증구조를 살펴보자.

– 사색은 주관적 깨달음이다 –

아무리 그 수가 많더라도 제대로 정리해놓지 않으면 장서의 효용가치는 기대할 수 없다. 반대로 그 수는 적더라도 완벽하게 정리해놓은 장서는 많은 효과를 기대할 수 있다. 지식도 이와 마찬가지이다. 많은 지식을 섭렵해도 자신의 것이 될 수 없다면 그 가치는 불분명해지고, 양적으로 조금 부족해도 자신의 주관적인 이성을 통해 여러 번 고찰한 결과라면 매우 소중한 지적 자산이 될 수 있다. 습득을 통해 얻어진 진리를 다른 여러 가지 지식과 결합시켜 비교할 필요가 있으며, 이 같은 절차를 거쳐야만 비로소 완전한 의미에서 자신의 것이 된다.

독서와 학습은 객관적 앎이다. 그리고 독서와 학습을 바탕으로 이루어지는 사색은 주관적 깨달음이다. 누구나 책을 읽을 수 있고 누구나 공부할 수 있지만 누구나 이를 통해 사색할 수 있는 것은 아니다.

대전제 : 사색은 습득을 통해 얻어진 진리를 여러 가지 지식과
　　　　　비교하여 종합하는 것이다. 많은 지식을 섭렵해도 자

신의 것이 될 수 없다면 그 가치는 불분명해지고, 양적
으로 조금 부족해도 자신의 주관적인 이성을 통해 여
러 번 고찰한 결과라면 매우 소중한 지적 자산이 될 수
있다.

소전제 : 지식을 비교하고 종합하는 이런 과정은 주관적인 깨달
음의 과정이다.

결론 : 그러므로 사색은 주관적 깨달음의 과정이다.

– 스스로 이해하는 힘 –

스스로 발견한 사상을 통해 개별적 진리는 고유한 생명을 획득
한다. 우리가 참된 의미에서 이해한다고 말할 수 있는 것은 오직
자기 자신의 사상뿐이다. 책을 통해 경험한 타인의 사상은 타인이
먹다 남은 찌꺼기, 즉 타인이 벗어 던진 헌옷에 지나지 않는다.

대전제 : 스스로 발견한 사상(자기 자신의 사상)은 개별적 진리
에 생명을 부여한다.

소전제 : 참된 의미에서 이해한다고 할 수 있는 것은 자기 자신
의 사상뿐이다.

결론 : 그러므로 참된 의미에서의 이해 즉 스스로 이해하는 힘
은 개별적 진리에 생명을 부여한다.

- 자신을 위해 사색하는 사람 -

가장 큰 가치가 있는 경우는, 한 사람의 사상가가 오직 자기 자신을 위해 사색하여 얻어진 사상뿐이다. 일반적으로 사상가는 자기 자신을 위해 사색하는 자와 갑자기 타인을 위해 사색하겠다고 나서는 자로 분류할 수 있다.

첫 번째 타입에 속하는 사람들이야말로 진정한 사상가이며, 우리는 이들을 가리켜 스스로 사색하는 자라 정의할 수 있다. 그 이유는 그들이야말로 진정한 철학자 즉 지식을 사랑하는 자이기 때문이다. 다시 말해 그들만이 혼신을 기울여 사물을 깨닫고자 하며, 이러한 지식을 얻는데 필요한 노력 즉 사색을 존재의 즐거움이자 행복으로 여기기 때문이다.

대전제 : 스스로 사색하는 자들만이 사색을 존재의 즐거움으로 여긴다.
소전제 : 진정한 사상가는 스스로 사색하는 자이다.
결론 : 진정한 사상가는 사색을 존재의 즐거움으로 여긴다.

- 생각하는 동물 -

우리의 존재, 이 모호한 고뇌와 격정! 순간적인 꿈과 흡사한 우리의 존재는 철학에서 가장 중요한 '문제'로서 한 번 이 같은 문제에 눈을 뜨게 되면 다른 문제와 목적은 모두 그 그림자에 덮여 버릴 정도이다. 그러나 몇 가지 예외를 제외하면 대부분의 사람들은 이 문제를 명확히 의식하지 못한 채 살아가고 있다. 뿐만 아니라 이 문제를 깨닫고 싶어 하지도 않는다.

그들은 이 같은 문제에서 해방되기 위해 전혀 성격이 다른 문제에 관심을 기울이고, 다만 오늘이라는 날짜와 자신의 생활에 관련 있는 내일이라는 순간에만 마음을 기울이며 무의미한 나날을 보낸다. 그들은 이런 문제를 고의로 무시하거나, 이런 문제는 몇몇 철학자들의 형이상학적인 연구와 더불어 이 세상에서 소멸했다고 믿는다. [9]

---

9 _ 하이데거는 이런 사람들을 "세상사람"(Das man)이라 표현한다. 인간은 다른 존재자들과 달리 그의 존재가 중요한 존재자이다. "존재에 대한 관심, 염려"가 인간의 특징이다. 그런데 인간이 관심을 가지는 그의 존재는 과거의 존재가 아니고 지금의 존재도 아니며 앞으로 그가 존재하게 될 「존재가능성」이다. 인간은 항상 그의 존재 가능성에 관심을 가지고 그 가능성을 설계한다. 과거에 대한 추억도 현재의 활발한 활동도 궁극적으로는 그의 존재가능성을 지향하고 있다. 그렇다면 인간의 궁극적인 존재가능성은 무엇인가? 그가 더 이상 존재하지 않을 가능성 즉 죽음이다. 죽음은 더 이상 현재의 존재자로서 존재하지 않을 가능성으로서의 무이다. 인간은 언제나

위의 논증은 다음과 같이 Camestres(AEE-2)의 구조로 이루어져 있다.

대전제 : 존재에 대한 관심은 철학의 가장 중요한 문제이다.
소전제 : 세상 사람들(대부분의 사람들)의 관심은 철학의 가장 중요한 문제가 아니다.
결론 : 그러므로 세상 사람들의 관심은 존재에 대한 관심이 아니다.

그리고 위의 논증은 다음과 같이 Celarent(EAE-1)의 구조로 환원 될 수 있다.

철학의 가장 중요한 문제(존재)는 세상 사람들의 관심사가

이렇게 그를 엄습하는 무에 대해 원인을 알 수 없는 불안을 가진다. 무는 대상이 없기 때문에 그에 대해 느끼는 기분은 원인을 알 수 없고 따라서 막연한 불안이다. 그런데 인간은 이런 불안을 피하고자 거기로부터 도피한다. 그리고 도피의 장소가 바로 세상이며 그렇게 세상으로 도피한 인간을 "세상사람"이라 한다. 세상 사람의 존재방식은 어떤가? 「세상사람」이 가장 견디기 힘들어하는 것은 지루함이다. 그는 무료함을 벗어나기 위해 오락과 스포츠와 섹스와 잡담에 몰입한다. 그는 잠시도 홀로 있을 수 없다. 그에게 있어서 홀로 있다는 것은 (아무도) 없음이다. 그는 이 없음 즉 무를 두려워하여 거기로부터 도피하는 것이다.

아니다.

존재에 대한 관심은 철학의 가장 중요한 문제이다.

그러므로 존재에 대한 관심은 세상 사람들의 관심사가 아니다.

● 다음 제시문의 논증구조를 재구성하라. 그리고 논지가 건전
하며 추리가 타당한지 살펴보라.

선과 악이라는 개념들은 사물들 자체 속에 실재하는 어떤 것을
가리키는 개념들이 아니다. 이 개념들은 사고의 양태들이며 어떤
것을 다른 것과 비교해서 얻게 된 관념들이다. 왜냐하면 하나의
같은 것이 동시에 선일 수도 있고 악일 수도 있으며 선도 악도 아
닌 것일 수도 있기 때문이다. 예컨대 음악은 우울한 사람에게는
선이 되고, 상을 당한 사람에게는 악이 되며, 귀머거리에게는 선
도 악도 아닌 것이다.

스피노자, 『윤리학』

위의 논증에서 스피노자는 선과 악이 우리가 경험할 수 있는 어
떤 사물들처럼 실재하는 것이 아니라 단순한 관념이라는 유명론
적인 관점을 취한다. 이것은 관념들이 실재하며 사물들은 단지 관
념들의 나타남이라고 보는 플라톤과 반대되는 견해이다. 이 제시

문의 논지는 「선과 악은 실재하는 것이 아니라 관념이다」이다. 이 논지는 다음과 같이 구체화될 수 있겠다. 「선과 악은 실재하는 것이 아닌데 그 이유는 그것들이 관념들이기 때문이다.」 그러므로 이 논지는 다음과 같은 이중적인논증구조를 가진다고 볼 수 있다.

  1) 제시문 전반부는 다음과 같이 Celaent(EAE-1)의 논증구조로 재구성될 수 있다.

  대전제 : 관념은 실재하는 것이 아니다.
  소전제 : 선과 악은 관념이다.
  결론 : 그러므로 선과 악은 실재하는 것이 아니다.

  2) 제시문의 후반부 즉 「왜냐하면」 이하의 문장은 위 논증의 대전제를 다음과 같이 Camestres(AEE-2)의 형식을 통해 논증하고 있다.

  대전제 : 실재하는 것에는 모순율이 적용된다. (실재하는 것은 모순율을 따르는 것이다).
  소전제 : 선과 악과 같은 관념들에는 모순율이 적용되지 않는다. (선과 악과 같은 관념들은 모순율을 따르는 것이 아니다). 모순이란 어떤 것이 동시에 참일 수도 없고 동시에

거짓일 수도 없는 경우를 가리키는 개념이다. 즉 우리는 양립할 수 없는 것이 양립하는 경우에 모순이란 개념을 사용한다. 선과악은 양립할 수 없는 것인데 어떤 것이 동시에 선일 수도 있고 악일 수도 있다면 그것은 모순율에 위배되는 것이다.

결론 : 그러므로 선과 악과 같은 관념들은 사고의 양태들이며 어떤 것을 다른 것과 비교해서 얻게 된 관념들로 실재하는 것이 아니다.

위의 논증에서 소전제어 해당되는 것은 「왜냐하면 하나의 같은 것이 동시에 선일 수도 있고 악일 수도 있으며 선도 악도 아닌 것일 수도 있기 때문이다」이다. 그리고 「실재하는 것은 모순율을 따른다」는 대전제는 생략되어 있다.

● **다음의 글은 『논어』의 「위정」편에 나오는 내용이다. 이 글의 논지를 파악하고 그 논증구조를 알아보자.**

"백성들을 행정명령(政)을 통해 이끌고, 형벌을 써서 다스리면 백성들은 형벌을 면할 수는 있으나 부끄러워함은 없다. 그러나 도덕으로 이끌고, 예(禮)로써 다스리면 백성들은 부끄러워할 줄 아

는 마음을 가질 뿐만 아니라 진심으로 선(善)에 이르게 된다. 진심
으로 복종하게 된다."

위 글의 논지는 다음과 같이 두 가지로 요약될 수 있을 것이다.
(1) 「최선의 정치는 예로써 다스리는 것이다」. (2) 「형벌로 다스리
는 것은 최선의 정치가 아니다」.

(1)의 논지는 다음과 같이 Babara-1의 논증형식에 따라 전개할
수 있다.

> 대전제 : 백성들로 하여금 부끄러움을 알게 하여 진심으로 선
> 에 이르게 하는 정치는 예로써 다스리는 것이다.
> 소전제 : 최선의 정치는 백성들로 하여금 부끄러움을 알게 하
> 여 진심으로 선에 이르게 하는 정치이다.
> 결론 : 최선의 정치는 예로써 다스리는 것이다.

우리는 (1)의 논지를 「예로써 다스리는 것이야말로 최선의 정치
이다」라는 논지로 바꾸어 다음과 같이 전개할 수도 있겠다.

> 대전제 : 백성들로 하여금 부끄러움을 알아 진심으로 선에 이
> 르게 할 수 있는 정치가 최선의 정치이다.

소전제 : 예로써 다스리는 것은 백성들로 하여금 부끄러움을
        알아 진심으로 선에 이르게 할 수 있다.
결론 : 예로써 다스리는 것이야말로 최선의 정치이다.

(2)의 논지는 다음과 같이 Celarent-1의 논증구조를 가진다.

대전제 : 백성을 두렵게 하여 복종하게 할 수는 있지만 부끄
        러운 마음을 가지게 하지 못하는 정치는 최선의 정
        치가 아니다.
소전제 : 형벌로 다스리는 것은 백성을 두렵게 하여 복종하게
        할 수는 있으나 부끄러운 마음을 가지게 하지는 못
        한다.
결론 : 형벌로 다스리는 것은 최선의 정치가 아니다.

● 다음은 영국의 웨스트민스터 사원의 지하묘지에 있는 어느
성공회 주교의 묘비명이다. 가언적 삼단논법에 의해 그 논증
구조를 살펴보자.

"내가 젊고 자유로워서 상상력의 한계가 없을 때 나는 세상을
변화시키겠다는 꿈을 가졌었다. 그러나 아니가 들고 지혜를 얻었

을 때 나는 세상이 변하지 않으리라는 것을 알았다. 그래서 내 시야를 약간 좁혀 내가 살고 있는 나라를 변화시키겠다고 결심했다. 그러나 그것 역시 불가능한 일이라는 것을 알았다. 나는 마지막으로 나와 나의 가장 가까운 가족을 변화시키겠다고 마음먹었다. 그러나 아무것도 달라지지 않았다. 이제 죽음을 앞두고 자리에 누운 나는 문득 깨닫는다. 만약 내가 내 자신을 먼저 변화시켰더라면, 그것을 보고 가족이 변화되었을 것을, 또한 그것에 용기를 내어 내 나라가 더 좋은 곳으로 바뀔 수도 있었을 것을, 그리고 누가 아는가, 세상까지도 변화되었을지 ..."

위의 묘비명은 다음과 같은 가언적 삼단논법 1식의 구조를 가진다.

대전제 : 가정이 변하려면 내가 변해야 한다.
소전제 : 나라가 변하려면 가정이 변해야 한다.
소전제 : 세상이 변하려면 나라가 변해야 한다.
결론 : 세상이 변하려면 먼저 내가 변해야 한다.

또한 다음과 같이 4격의 논증구조(부정적 부정식)로 전개할 수도 있다.

나라가 변하려면 가정이 변해야 한다.

가정이 변하면 내가 변해야 한다.

내가 변하지 않으면 나라가 변하지 않는다.

● **다음에 제시된 논지는 예수의 「산상설교」에 나오는 한 예이다. 삼단논법의 규칙에 따라 구성해 보자.**

「심령이 가난한 사람은 복이 있나니 천국이 그들의 것임이요」

위의 논제는 소전제와 대전제로 구성되어 있으며 대전제는 생략되어 있다. 생략된 대전제를 보충하면 다음과 같은 논증구조가 될 것이다.

천국의 시민은 복이 있는 사람이다.

심령이 가난한 사람들은 천국의 시민이다.

∴ 심령이 가난한 사람은 복이 있는 사람이다.

위의 논증은 Babara(AAA-1)의 구조를 가진다. 이 논증을 1격의 Darii와 Celarent로 표현해 보자.

Darii

천국에 속하는 사람은 모두 마음의 기쁨을 가지며 따라서 복이 있는 사람이다.
심령이 가난한 사람 중에 어떤 사람은 천국에 속하는 사람이다.
∴ 심령이 가난한 사람 중에 어떤 사람은 복이 있는 사람이다.

Celarent

세상에 지나친 욕심을 가지는 사람은 천국에 속하는 사람이 아니다.
심령이 가난한 사람 중에 어떤 사람은 세상의 것에 지나친 욕심을 가진 사람이다.
∴ 심령이 가난한 사람 중에 어떤 사람은 천국에 속하는 사람이 아니다.

위의 예를 2격의 Baroco(AOO-2) 형식으로 바꾸어 표현해 보자. 먼저 Baroco로 바꾸어 보자.

천국의 시민은 복 있는 사람이다.

마음이 가난한 사람들 중에 어떤 사람들은 복 있는 사람이
아니다.
그러므로 마음이 가난한 사람들 중 어떤 사람들은 천국의 시
민이 아니다.

이외에도 여러 가지 다른 유형으로 환원하여 논지를 전재할 수
있을 것이다. 산상설교의 다른 내용들도 위와 같은 방식으로 연습
해 보면 좋을 것이다.

3

논술유형 및 방법

논술의 유형은 크게 (1) 하나의 제시문을 주고 그 제시문의 논지를 파악한 후 그 논지를 논리적으로 재구성하는 유형, (2) 두 개 이상의 제시문에서 공통된 논지를 추론하여 논리적으로 진술하는 유형, (3) 세 개의 제시문을 딜레마의 관계에서 논술하는 유형이 있다. 첫 번째 유형에 관해서는 위에서 이미 설명되었다. 이제 두 번째 유형과 세 번째 유형의 논술에 관해 살펴보자.

●다음 제시문 (가)의 논지를 파악하여 그 논지를 뒷받침하는 타당한 논증형태를 제시하고, 제시문 (나)와 관련하여 (가)의 논지를 전개해 보자.

(가)

한 옛날에 옷을 입을 줄도 모르고, 집에 거주할 줄도 모르고, 불을 사용할 줄도 모르는 야만족이 열대에 있는 그들의 고향을 떠나, 이른 봄부터 늦여름까지 북방으로 이동하였다. 9월이 되어 밤에는 제법 추워오는 것을 느끼게 될 때까지 그들은 더운 고장을 떠나서 이미 추운 고장으로 와버린 줄은 꿈에도 몰랐다. 추위는 날마다 더해갔다. 그 까닭을 알지 못하는 그들은 이리저리 도피하기 시작했다. 그들 중 얼마는 남쪽으로 되돌아갔다. 거기서 그들은 다시 옛 생활을 계속했다. 그리고 그들의 후예는 오늘에 이르기까지 야만을 면하지 못하게 되었다. 다른 방향으로 흩어져 방황하던 사람들은 그들 중 극히 소수만을 제외하고는 모두 멸망했다.

살을 에는 듯한 추위를 피할 길 없던 일부는 인간의 가장 높은 기능인 의식적인 발명의 능력을 사용하게 되었다. 그들 가운데 어떤 사람들은 땅을 파고 구덩이를 만들어 몸 둘 곳을 삼았다. 어떤 이들은 오막살이와 잠자리를 만들기 위해 나뭇가지와 나뭇잎들을 모았다. 또 어떤 이들은 그들이 잡아먹은 짐승의 가죽으로 몸을 가렸다. 오래지 않아 야만인들은 문명으로 향한 가장 훌륭한 진보의 발걸음을 내딛게 되었다. … 이것이 바로 진보와 발전의 패러독스이다. 필요가 발명의 어머니라면 그 아버지는 고집이다. 고집이란 여러 가지 손실들을 끊어버리고 삶이 보다 편리한 데를 찾아가려는 것보다는 차라리 역경에서 견디어 이기며 살아가려는 결의이다.

(토인비, 『역사의 연구』)

(나)

1990년대의 소위 '디지털혁명'은 두 방향으로 진행되었는데, 첫째, 기존 전자제품이 디지털 기술을 구현한 제품으로 대체되었으며, 둘째, 인터넷. 소프트웨어. 통신. 전자. 컴퓨터들의 기술적 융합에 기반한 전혀 새로운 제품이 출현했다. 디지털기술의 이러한 등장은 기술비약가설이 주장하듯 후발주자에게는 선발주자를 추월할 수 있는 기회가 된다. 실제로 디지털기술로의 패러다임 전환기였던 1990년대 중반에 한국의 기업들은 여러 혁신적인 디지털제품들에서 세계적인 리더로 등장하기 시작했다. 삼성과 LG는 관련 디지털기술 영역에서 그 기술력과 라이선스에서 세계 최고의 지위를 누리고 있다. 또한 삼성과 LG는 1990년대 후반 이래 미국 또는 영국에서 가장 큰 시장점유율을 보이고 있다. LG전자는 1997년에 디지털 TV에 필요한 핵심 칩셋을 개발한 세계 최초의 기업이다.

그러나 패러다임 전환기를 이용하여 선도 기업을 추격하고자하는 기업은 다음과 같은 두 가지 위험에 접하게 된다. 첫 번째는 여러 개의 출현 가능한 표준 중에서 어떤 기술표준을 택할 것인가와 관련된 위험이며, 두 번째는 신규제품 생산기술을 선택하여 생산한 후 어떻게 초기 시장을 형성할 것인가 하는 위험이다. 디지털 TV와 CDMA를 개발했던 한국 기업들도 이런 위험에서 자유로울 수 없었다. ...

한국에서의 CDMA 셀룰러 폰 시스템 개발과 서비스 개시는 민관 합작으로 이루어진 가장 성공적인 경로 창출형 추격 또는 비약의 예이다. 한국 기업들과 정부 당국이 셀룰러 폰 시스템 개발을 고려하고 있을 때 미국에서는 아날로그 시스템이 지배적이었고 (여전히 지배적이다)유럽에서는 TDMA방식의 GSM 시스템이 지배적이었다. 그러나 한국 정부(정보통신부)는 주파수 상용이 효율적이고 고품질과 보안성을 겸비한 CDMA기술에 주목했다. CDMA 시스템 개발에 대한 불확실성과 한국통신, 삼성, LG같은 통신 서비스 제공업자 및 시스템 제조업자들의 심각한 우려 및 GSM으로 가자는 강력한 의견에도 불구하고 정부통신부와 전자통신연구소는 TDMA를 채택하기로 결정했다. 그러한 결정을 하기까지는 한국이 이미 개발되어 있는 TDMA(GSM)를 따라만 가게 되면 한국과 선발 국가간의 격차는 줄일 수 없고 따라서 추격은 요원하다는 인식이 주요하게 작용했다. 그래서 한국은 더 위험한 길을 택했고 성공을 거두었다.

(이근, 『과학기술의 새로운 패러다임과 경제』)

　우리는 이 두 제시문의 공통된 논지를 다음과 같이 구성해 볼 수 있겠다.

　1) 필요가 발명의 어머니이듯이 발명의 아버지는 고집이다. 어머니가 아이들 잉태하듯 필요에 의해 발명하고자 하는 의지가 잉태된다. 그러나 중요한 것은 그 의지를 관철하는 것이다. 아버지는 그런 의지의 실천을 상징하며 그 실천은 고집에 의해 관철된다.
　2) 고집은 일상성에 안주하는 것이 아니라 역경을 극복하고자 하는 의지이다.

3) 그러므로 발명의 아버지는 일상성에 안주하는 것이 아니라 역경을 극복하고자 하는 의지이다.

제시문 (나)는 이런 논지에 대한 구체적인 예라 할 수 있겠다.

● 다음 세 제시문들을 읽고 각 제시문에 나타난 특징적인 「자아」의 모습을 서술하고, (나)의 관점에서 (다)의 관점을, (다)의 관점에서 (나)의 관점을 비판하는 논의를 전개하라.

(가)

원시인에게는 낯익은 것과 낯선 것, 내부 세계와 외부 세계, 삶과 죽음, 혼령과 신체 등을 엄격히 구분하는 도식이 존재하지 않았다. 그에게는 영혼이나 몸이나 모두 분명한 경계선을 가진 어떤 특정한 영역으로 보이지 않았다. 원시인은 자기 자신과 자기 주변에서 낯선 다른 힘의 세계를 경험했다. 이상하게 생긴 바위나 사람의 발길이 닿은 적 없는 대초원의 삭막함 등 예외적이고 놀라운 것은 모두 그와 같은 힘의 현존을 뜻할 수 있었다. 영혼 자체도 그런 힘으로 경험되었다. 호흡도 인간이 이해할 수 없는 어떤 신비

한 힘의 존재를 보게 했다. 상처받은 몸에서 나오는 검붉은 피, 머리카락, 아무런 표정이 없는 가면의 신비, 소름 끼칠 정도로 뻣뻣한 시체 등을 모두 낯선 힘의 현존으로 여겼다. ...

　원시사회 속에서 인간은 자기 홀로 있는 것만으로는 아직 '완성된 존재'가 아니었다. 인간은 그가 살고 있는 사회구조와 분리될 수 없고, 그 안에서 비로소 자기 자신이 된다. 사회의 구성원 중 한 사람이 죽을 때 사람들이 애곡하는 것은 그의 죽음을 슬퍼하기 때문이 아니라 그의 죽음으로 사회구조가 혼란될 것을 슬퍼하기 때문일 수도 있다. 사실 '나'라는 말은 어떤 관계(가령 가족관계)에서만 마용되기 때문에 단지 '나-아버지', '나-삼촌' 등의 형식으로만 나타난다. 개인은 친족관계와 집단관계에서 비로소 자기 자신을 발견하게 된다. 그러므로 한 인격은 여기저기 확산되고, 보다 넓은 관계의 장에서 그가 담당해야 하는 역할과 떨어질 수 없다. 이 관계가 없이, 곧 개인으로서는 아무것도 아니다. 그의 행동거지는 사회적 신화적 공간 안에서 결정된다. 그러므로 내부세계와 외부세계, 몸과 영혼을 그렇게 엄격하게 구별해 놓을 수 없다.

(반 퍼어슨, 『몸, 영혼, 정신』)

(나)

나는 오직 진리탐구에 전념하려 하므로 조금이라도 의심할 수 있는 것은 모두 전적으로 거짓된 것으로 던져버리고, 이렇게 한 후에도 전혀 의심할 수 없는 것이 내 신념 속에 남아있는지를 살펴보아야 한다. 그러므로 우리 감각은 종종 우리를 기만하므로 감각이 우리 마음에 그리는 대로 있는 것은 아무것도 없다고 가정했다. 그리고 아주 단순한 기하학적 문제에 있어서조차 추리를 잘못하여 오류를 범하는 사람이 있으므로 나 역시 다른 사람과 마찬가지로 잘못을 저지를 수 있다고 판단하여, 전에 확실한 것으로 인정했던 모든 근거를 거짓된 것으로 던져버렸다. 끝으로, 우리가 깨어있을 때 갖고 있는 모든 생각은 잠들어 잇을 때에도 그대로 나타날 수 있고, 이때 참된 것은 아무것도 없음을 알았기 때문에 지금까지 정신 속에 들어온 것 중에서 내 꿈의 환영보다 더 참된 것은 아무것도 없다고 생각하기로 했다. 그러나 이런 식으로 모든 것이 거짓이라 생각하고 있는 동안에도 이렇게 생각하는 나는 반드시 어떤 것이어야 한다는 사실을 알게 되었다. 그리고 "나는 생각한다. 그러므로 나는 존재한다"(cogito, ergo sum)는 이 진리는 아주 확고하고 확실한 것이고 회의론자들이 제기하는 가당치 않은 억측으로도 흔들리지 않는 것임을 주목하고서 이것을 내가 갖고 있는 철학의 제1원리로 거리낌 없이 받아들일 수 있다고 판단했다. 그런 다음에 내가 무엇인지를 주의 깊게 고찰했으며 이때 다음과 같은 것을 알게 되었다. 즉 나는 신체를 갖고 있지 않으며 세계도 없으며 내가 있는 장소도 없다고 상상할 수 있지만 그렇다고 해서 내가 전혀 존재하지 않는다고 생각할 수는 없고, 오히려 반대로 내가 다른 것의 진리성을 의심하려고 생각하고 있다는 사실 자체에서 내가 존재한다는 것이 아주 명백하고 확실하게 귀결되고 있음을 알았다. 그러나 내가 그때까지 상상했던 나머지 다른 것들이 설령 참이라고 하더라도 내가 단지 생각하는 것만 중단하면 내가 존재하고 있었다는 것을 믿게 할 만한 아무런 그거도 없음을 알았다. 이로부터 나는 하나의 실체이고, 그 본질 혹은 본성은 오직 생각하는 것이며, 존재하기 위해 하등의 장소도 필요 없고, 어떠한 물질에도 의존하지 않는 것임을 알게 되었다. 그래서 나를 나이게 해주는 정신은 물체와는 전적으로 다른 것이며, 심지어는 물체보다 더 쉽게 인식되고, 설령 물체가 존재하지 않는다고 하더라도 정신은 스스로 중단 없이 존재하는 것이다.

(데카르트, 『방법서설』)

(다)

접속의 시대는 새로운 유형의 인간을 몰고 온다. 바다의 신이자

변화무쌍한 모습을 지녔던 그리스 신화의 프로메테우스처럼 새로운 '프로메테우스' 세대의 젊은이들은 전자 상거래와 사이버페이스 세계에서 이루어지는 사업에 아무런 거부감이 없으며 그 속에서 펼쳐지는 사교활동에도 적극적으로 참여한다. 그들은 문화경제를 구성하는 수많은 시뮬레이션에 잘 적응한다. 그들에게 익숙한 세계는 이념적 세계가 아니라 연극의 세계이다. 그들의 의식은 노동정신보다는 유희정신에 기울어져 있다. 그들에게 접속은 이미 생활의 일부이다. 재산도 중요하지만 연결된다는 것이 훨씬 더 중요하다. 21세기 인간은 관심을 공유하는 사람들로 이루어진 네트워크의 접속점이라는 의식으로 살아갈 것이고, 다윈이 말한 적자생존의 경쟁이 치열하게 벌어지는 세계에서 자율적으로 살아가는 주체라고 스스로를 생각할 것이다. 그들이 생각하는 개인적 자유의 의미는 소유권이라든지 남들의 간섭에서 벗어나는 능력과는 점점 거리가 멀어질 것이다. 대신 상호관계의 그물에 포함될 수 있는 권리로서의 의미가 점점 부각될 것이다. 그들은 접속의 시대를 살아가는 첫 번째 세대이다.

　인쇄기가 지난 수백 년 동안 인간의 의식을 바꾸어놓은 것처럼 컴퓨터는 앞으로 두 세기 동안 인간의 의식에 커다란 영향을 미칠 것이다. 심리학자와 사회학자들은 이른바 「닷컴」세대에 속하는 젊은이들의 정신발달 과정에서 일어나는 변화에 벌써 주목하고 있다. 컴퓨터 화면 앞에서 자라면서 많은 시간을 채팅과 전자오락에 쏟아 붓는, 아직은 소수지만 점점 그 수가 늘어나고 있는 젊은 이들은 심리학에서 말하는 '다중인격자'에 가까워지고 있다. 그들의 의식은 특정한 시간어 자신이 몸담았던 가상세계나 네트워크와 어울리기 위해 이용했던 짧은 토막의 파편들로 이루어져 있다. 일각에서는 이런 닷컴의 세대가 현실을 수시로 바꿀 수 있는 한낱 이야기들에 불과한 것으로 인식하기 시작했다고 우려한다. 주위 세계에 적응하고 주변 사람을 이해하려면 일관된 참조(준거)의 틀이 있어야 하는데 이 틀을 형성하는데 필요한 끈끈한 인각관계의 경험과 참을성 있는 주의력이 이들에게는 부족하다는 지적도 나오고 있다. 이것을 오히려 긍정적으로 해석하는 시각도 있다. 사람들이 실제로 접하는 현실세계는 빠르게 움직이고 정신없이 바뀌는데 이런 현실을 제대로 수용하려면 사람의 의식도 협소한 굴에서 좀더 발랄하고 유연하고 심지어는 찰나적으로 변할 필요가 있지 않느냐는 것이다.

제러미 리프킨, 『소유의 종말』

(나)의 관점에서 (다)의 관점을 비판하고, (다)의 관점에서 (나)의 관점을 비판하려면 먼저 (나)의 관점이 무엇이며 (다)의 관점이 무엇인지 알아야 한다. (나)에서 데카르트는 인식의 절대적 확실성(진리)을 보증하기 위한 근거로서 수학에 있어서 공리와 같은

것을 찾고자 한다. 그는 방법적 회의를 거쳐 공리와 같은 것으로서의 「생각하는 나」에 도달한다. 「생각하는 나」야말로 아르키메데스의 점으로서 모든 확실성의 근거가 된다. 그 밖의 모든 것은 그 존재성을 의심할 수 있다는 것이다. (다)는 인간을 "네트워크의 접속점"의 관점에서 관찰한다. 이 관점은 인간의 존재가 "상호관계의 그물에 포함될 수 있는 권리"에 있다고 본다. 두 관점의 차이는 (나)는 자율적인 주체를 「생각하는 나」에 있다고 보는데 반해, (다)는 "네트워크의 접속점"으로 본다는데 있다.

　후자의 관점에서 보면 전자의 견해는 「독아론」(solipsism)에 빠질 염려가 있다. 왜냐하면 전자의 관점에서는 오직 생각하는 자아만이 절대적 가치를 가지며, 그 이외의 모든 것은 무가치하다고 보기 때문이다. 전자의 관점에서 보면 후자는 「자아상실」에 빠질 염려가 있다. 왜냐하면 후자는 「자율적 주체」를 "네트워크의 접속점"으로 보고 있는데, 네트워크의 접속점이란 접속을 제외하면 아무것도 없는 것이며 아무것도 없다는 것은 자아가 없다는 것이기 때문이다.

논증구조 : 우리는 전자의 관점에 입각한 후자의 비판과 후자의 관점에 입각한 전자의 비판이 딜레마라는 논증구조로 이루어져 있음을 알 수 있다. 그 논증구조는 다음

과 같다.

1) (나)의 입장을 취하면 독아론에 빠진다. (다)의 입장을 취하면 「자아상실」에 빠진다.

2) (나)의 입장을 취하든가 (다)의 입장을 취해야 한다.

3) 그러므로 독아론에 빠지든가 자아상실에 빠질 수밖에 없다. 뿔에 의해 잡혀진 형국이다.

이 논증구조를 기호로 표시하면 다음과 같다. 이때 (나)의 입장을 P로 표시하고 독아론을 Q로 표시하며 (다)의 입장을 R로 표시하고 자아상실을 S로 표시하자.

1) $(P \supset Q) \cdot (R \supset S)$

2) $P \vee R$

3) $Q \vee S$

그렇다면 어떻게 이 딜레마에서 벗어날 수 있는가? 첫째는 위의 논증의 결론인 「$Q \vee S$」를 부정하는 것이며, 그 다음에는 대전제의 전건이 가질 수 있는 긍정적인 또 다른 후건을 생각하는 것이다.

먼저 결론 「$Q \vee S$」의 부정은 「$- (Q \vee S)$」이며 이것을 다시 드

모르간(De Morgan)의 규칙[10]에 따라 변형하면 「- Q · - S」가 된다. 이제 「- Q · - S」를 위의 2)에 대입하면 다음과 같은 논증구조가 재구성된다.

1) (P ⊃ Q) · (R ⊃ S)
2) - Q · - S
3) - P · - S

딜레마에서 벗어나는 길은 독아론에 빠지지도 않고 자아상실에 빠지지도 않아야 하며 그렇게 하기 위해서는 (나)의 입장만 취해서도 안 되고 (다)의 입장을 고집해서도 안 된다.

(나)의 입장만 취해서도 안 되고 (다)의 입장을 고집해서도 안 된다면 어떻게 해야 하는가? 대전제의 전건이 가질 수 있는 또 다른 후건을 찾는 것이다. 즉 독아론이 아닌 「주체성」과 자아상실이 아닌 「타자와의 관계」가 그것이다. (가)의 입장은 이들 두 가지 긍정적인 가능성들을 종합한 입장이다. 즉 자아란 「타자와의 관계

---

10 _ 드 모르간의 규칙은 선언판단과 연언판단 사이의 호환규칙으로 다음과 같은 것들이 있다. − (S ∨ P) = −[−(− S · − P)] = − S · − P = − (S · P); − (S · P) = − S ∨ − P = − (S ∨ P); (S · − P) = − (− S ∨ P); (S · P) = − (− S ∨ − P). S ∨ P = − (− S · − P).

를 통해 자아로서 의식된 주체성으로서의 자아」인 것이다.

● 다음의 제시문은 신자유주의를 도입하여 교육제도를 개혁하
자고 주장한다. 신자유주의에 근거한 교육제도와 기획교육에
입각한 교육제도를 비교하여 현재의 교육제도가 직면한 딜레
마를 찾아내고 이 딜레마를 벗어날 수 있는 방안에 관해 논술
하라.

1980년대 이래 여러 나라에서 공공정책 결정에 영향을 준 신자
유주의적 접근은 우리나라의 교육개혁에도 부분적으로 도입되어
쟁점이 되고 있다. 신자유주의적 접근에 의하면 교육은 국가의 기
획에 의한 관리보다는 자유시장논리에 맡기는 것이 더 효과적이
다. 학교간, 교사간의 경쟁과 평가를 통해 교육수요자가 원하는
질 좋은 교육을 제공할 수 있다는 것이다. 학교는 필요한 자원을
확보하기 위해 그 학교의 고객(학부모, 학생)의 결정에 의존하게
된다. 따라서 학교는 누구보다도 그 고객의 이익을 염두에 두지
않을 수 없다. 그러나 우리의 교육계는 이러한 신자유주의적 교육
관에 대해 저항이 크기 때문에 당분간 학교와 학부모간의 갈등을
정부가 조율할 수밖에 없을 것이다. 사실 중학교의무교육, 고교평
준화, 고등교육수요의 증가 등으로 학교 고객은 풍부하다. 그러므

로 외국과 같이 학교가 고객유치를 위해 경쟁하지 않고 국가의 지시에 따라 학교를 운영하고 안주하여도 그렇게 문제될 것은 없다. 학교가 자율이나 책임과 같은 것은 거의 생각할 필요가 없으니 학습자의 다양한 교육적 요구를 수용하려는 심각한 고민이 있을 리 없다.

그러나 오늘날 우리의 학교교육은 붕괴되고 있다. 더 이상 학교교육을 방치하여서는 안 된다. 필요하다면 신자유주의를 부분적으로라도 도입하여 학교교육의 경쟁력을 높여야 할 것이다.

김윤태, 「학교교육을 살리자」, 『철학과 현실』(2002년 봄).

위의 제시문에는 신자유주의적 경제이론과 기회경제이론이라는 두 관점이 등장한다. 따라서 이 두 관점들을 따를 때 생기는 문제점들을 지적하고 그 문제점을 피할 수 있는 방안이 제시되는 것이 중요하다. 먼저 위의 제시문을 딜레마의 논증구조에 의해 재구성할 필요가 있다.

1) 신자유주의를 교육에 도입하면 교육이 시장처럼 무한경쟁에 빠질 수 있다. 기획교육을 고수하면 학교가 자율성과 책임감을 상실한다.

2) 신자유주의를 도입하든가 기회교육을 유지한다.

3) 그러므로 교육은 무한경쟁에 빠지든가 아니면 자율성과

책임감을 상실한다.

　이상의 구조는 현실의 교육제도가 직면할 딜레마를 보여준다. 교육제도가 뿔에 잡혀있는 상태이다. 이 딜레마에서 벗어나려면 1)의 전건이 가질 수 있는 또 다른 후건의 가능성을 발견하면 된다. 다음과 같이 뿔 사이로 피할 수 있을 것이다.

> 1) 신자유주의를 교육제도에 도입하면 학교의 경쟁력이 강화되고 학교가 자율성과 책임감을 가지게 된다. 기획교육을 유지하면 학생들의 수급이 원활하게 이루어진다.
> 2) 신자유주의를 도입하든가 기회교육을 유지한다.
> 3) 그러므로 학교의 경쟁력이 강화되든가 학생의 수급이 원활하게 이루어진다.

● **다음의 제시문을 읽고 「자유와 평등이 조화된 자유주의 체제에서의 삶」에 관해 논술하라.**

　자유와 평등은 상호 대립적인 개념일 수도 있고, 양립 가능한 개념일 수도 있다. 이때 중요한 것은 평등을 어떤 관점에서 보느냐 하는 것이다. 만일 평등이란 개념이 산술적 평등을 의미한다면 개인의 질적인 차이가 무시되고, 개인의 질적 차이가 무시되는 평등은 자유와 양립할 수 없게 된다. 그러나 평등을 질적인 것이 고려된 자유권의 평등으로 이해한다면 자유와 평등은 양립할 수 있는 개념들이다. 이런 의미에서의 평등은 법 앞의 평등과 권리의 평등을 의미한다. 자유주의 체제는 자유와 평등이 조화를 이룬 체제이어야 한다.

위의 제시문은 자유주의체제가 아닌 것과 자유주의체제인 것의 두 부분으로 이루어져 있다. 즉 「자유와 평등이 양립할 수 없는 체제는 자유주의체제가 아니다」는 것이 하나의 논지이며, 「자유주의체제는 자유와 평등이 양립할 수 있는(조화된) 체제이다」는 것이 다른 하나의 논지이다.

앞의 논지는 다음과 같이 구성될 수 있다. 「만일 평등이란 개념이 산술적 평등을 의미한다면 개인의 질적인 차이가 무시되고, 개인의 질적 차이가 무시된다면 자유와 양립할 수 없게 되고, 자유와 평등이 양립할 수 없는 체제라면 자유주의체제가 아니다.」이것은 가언적 삼단논법의 논증구조를 가진다. 물론 이런 논증에 앞서 자유와 평등에 관한 일반적인 또는 사전적인 의미를 설명하고, 이런 일반적인 의미는 개인의 질적 차이를 고려하지 않는 정의임을 밝힐 수도 있다.

뒤의 논지는 다음과 같이 구성된다. "만일 평등이 자유권의 평등을 의미한다면 자유와 평등은 양립할 수 있고, 자유와 평등이 양립할 수 있다면 자유주의체제이다." 먼저 "평등은 산술적 평등이 아니라 자유권의 평등을 의미한다"는 논지가 논증되어야 할 것이다. 이 논지는 다시 "평등은 산술적 평등이 아니다"와 "평등은 자유권의 평등이다"는 두 개의 논지로 나누어진다. 각각의 논지는 다음과 같이 구성될 수 있겠다.

(1)

1) 산술적인 평등은 개인의 질적 차이를 고려하는 평등이 아니다.
2) 진정한 의미에서의 평등은 개인의 질적 차이를 고려하는 평등이다.
3) 그러므로 진정한 의미의 평등은 산술적 평등이 아니다.

(2)

1) 법 앞의 평등과 권리의 평등은 모든 사람들이 법 앞에서 동등한 권리를 가지며 따라서 모든 사람들의 자유권이 다른

사람들의 자유권에 의해 제한된다는 것을 의미한다. 따라서 법 앞의 평등과 권리의 평등이란 개인들이 제한된 자유권을 행사할 수밖에 없음을 의미한다. 우리는 이런 평등을 자유권의 평등이라 한다. 즉 법 앞의 평등과 권리의 평등은 자유군의 평등이다.

2) 진정한 평등은 법 앞의 평등과 권리의 평등이다. 이것은 모든 사람들이 법 앞에서 동등한 권리를 갖는다는 의미이다.

3) 그러므로 진정한 의미의 평등은 자유권의 평등이다.

위의 두 논증을 통해 "평등은 자유권의 평등이다"는 것이 논증되었다. 그렇다면 이제 전체의 논지가 다음과 같이 구성될 수 있겠다.

1) 평등이 자유권의 평등이라면 자유과 평등을 양립할 수 있다.

2) 진장한 평등은 자유권의 평등이다.

3) 그러므로 자유와 평등이 양립할 수 있다. 자유민주주의 체제에서의 삶은 이렇게 자유와 평등이 조화된 삶이어야 한다.

● 다음 제시문 「나」는 오늘날 기업이 직면하고 있는 어떤 공통된 경영활동의 주제를 다루고 있다. 제시문 「나」를 근거로 하

여 제시문 「가」가 담고 있는 의미를 구체적으로 서술하라.

(가)

스타벅스는 커피와 문화를 결합하여 커피에 관한 경험을 재창조한 회사이다. 스타벅스의 최고 경영자가 된 하워드 슐츠는 1982년 스타벅스에 합류했다가 1987년에 스타벅스를 인수했다. 그는 고객이 바리스타(barista)라 불리우는 매장 점원과의 교감을 바탕으로 커피를 마시면서 새로운 문화를 경험할 수 있게 함으로써 단순히 최고급 원두커피를 소매로 파는 가게였던 스타벅스를 오늘의 스타벅스를 일구어냈다. 또한 존경과 품위, 다양성의 존중, 사회와 환경에 대한 공헌 등의 원칙을 공유하는 문화를 키워나감과 동시에 직원들의 의견을 존중해 프라프치노 등 고객의 새로운 요구에 부응하는 새로운 상품을 선보이기도 했다. 그 결과 1987년 당시 6개 매장에 100여명의 사원들로 구성되어 있던 회사가 10년 만에 2,000여 개의 매장에 25,000명 규모의 회사로 성장되었다. 1992년에는 커피판매기업으로는 최초로 상장기업이 되었으며, 2004년에는 5조 3천억 원의 매출과 6천억 원의 영업이익을 기록했다.

델은 1984년 창업과 함께 컴퓨터업계 최초로 제조업체가 제작한 컴퓨터를 최종 소비자에게 직접 판매하는 "다이렉트 판매"방식을 도입했다. 기존의 PC판매는 생산자 중심의 관점에서 고객의 새로운 요구에 대한 이해가 없이 생산하고 중간유통을 거치는 방식으로 이루어졌다. 델은 이러한 방식을 지양하고 고객과의 직접적인 커뮤니케이션을 통해 고객이 원하는 PC를 파악하여 생산하였으며, 그렇게 생산된 제품을 직접 판매하는 모델을 창조했다. 그 결과 1994년부터 7년간 연평균 매출액 성장률 37%를 기록하며 2001년에 세계시장 1위의 사업자로 등극했다. 2004년에 델은 42조 6천억 원의 매출과 3조 5천억 원의 영업이익을 기록했다.

AT 커니, 매일경제 Creative Korea 팀, 『창조혁명 보고서』

(나)

　인간이 자연 그대로의 자원에서 새로운 용도를 찾아내고 그것에 경제적 가치를 생산해내기 전까지는 "자원"이라 불릴 수 있는 것은 없다. 경제적 가치가 생기기 전까지는 모든 식물은 단순한 풀이며, 모든 광석은 돌덩이에 불과하다. 한 세기 전까지만 해도 원유도, 알루미늄의 원소인 보크사이트도 자원이 아니라 토양을 망치는 성가신 것이었다. 페니실린 곰팡이도 한 때는 자원이 아니라 병균일 뿐이었다. 그러나 1920년대에 영국의 미생물학자인 알렉산더 플레밍이 페니실린 곰팡이 균이야말로 세균학자들이 찾던 바로 그 박테리아를 죽이는 물질임을 확인함으로써 페니실린 곰팡이는 가치 있는 자원이 되었다. 이처럼 아무것도 아닌 것으로부터 부를 창출하는 능력이 혁신인 것처럼 기존의 자원이 가지고 있는 잠재력을 개발하여 더 많은 부를 창출하는 활동도 혁신이라 할 수 있다.

프랑스의 경제학자 J. B. 세이에 의하면 "기업가는 경제적 자원을 생산성과 수익성이 낮은 곳으로부터 더 높은 곳으로 이동시킨다." 그에 의하면 혁신은 '자원의 생산성을 높이는 활동"이라고 정의될 수 있다. 혁신은 기업가정신의 구체적인 기능인 것이다. 똑같은 자원을 투입하여 더 많은 양을 산출할 수 있는 활동이 곧 혁신이다. 이것은 공급의 관점에서 정의된 혁신의 개념이다. 이러한 정의에 적합한 구체적인 예를 들어보면, 제철산업의 경우 종합제철공장에서 미니밀(mini-mil: 전기로)로 이동한 것은 공급측면에서의 혁신이다. 미니밀은 철광석을 녹이는 용광로가 필요 없다. 고철을 녹여 철강 빔이나 철근 같은 소비제품을 만들어 낸다. 최종 제품도, 용도도, 고객도 똑같다. 그러나 생산원가를 획기적으로 낮추었기 때문에, 즉 같은 자원을 투입하고도 더 많은 양을 생산할 수 있도록 한 혁신인 것이다.

한편 혁신을 수요의 츤면에서 정의할 수도 있다. 이 경우 혁신이란 소비자들이 이제까지 느껴온 가치와 만족에 변화를 일으키는 활동이라고 규정할 수 있다. 아이포드(i-pod) 또는 디지털 카메라는 기술혁신이라 말할 수 있으며 동시에 소비자가 원하는 가치와 만족도를 높인 혁신사례라 할 수도 있다. 헨리 루스가 1920년대에 "타임", "라이프", "포춘" 등을 창간하여 보여준 사회적 혁신이나, 1970년대 말부터 1980년대 초에 개발된 머니마켓펀드(money market fund), 유니버설보험상품(universal life insurance product) 같은 금융상품의 성공적 혁신도 공급측면보다는 가치와 만족도라는 측면에서 훨씬 더 설명하기 쉽다.

피터 드러커, 『피터 드러커의 위대한 혁신』

혁신은 한편에서 자원에 가치를 부여하는 행위이며, 다른 한편에서 자원생산성을 높이는 활동이다. 경제적 가치로 환원되지 않은 식물이나 광물은 단순한 풀이나 돌덩이에 불과하지만 그것들이 개발되어 거기에 경제적 가치가 부여될 때는 자원이 된다. 그리고 기존의 가치에 더 많은 가치를 창출하는 행위도 혁신이다.

자원의 생산성을 높이는 활동이란 기존의 자원이 가지고 있는 잠재력을 개발하여 더 많은 가치를 창출하는 행위이다.

혁신은 기존의 자원이 가지고 있는 잠재력을 개발하여 더 많은 가치를 창출하는 행위이다.

혁신에 관한 이러한 정의는 경제적인 영역에서 보면 두 가지 측면에서 적용될 수 있다. 공급의 측면과 수요의 측면이 그것이다.

공급의 측면 : 같은 자원을 투자하여 더 많은 양의 생산물을 산출

하는 것. 수요의 측면: 소비자들의 가치와 만족도에 변화를 일으키는 것.

● **다음 제시문을 분석하여 논증구조를 찾아내고, 그 구조에 따라 의견을 진술하라.**

많은 사람들은 아직도 개인주의를 이기주의와 동일시하고 이타주의를 집단주의와 동일시하는데 이는 낭만주의의 영향 때문이다.

그러나 이런 생각은 인간이 타인들과의 관계 속에서 자신의 고유한 중요성을 어떻게 잘 드러낼 수 있는가 하는 중요한 문제를 명확히 인식하는데 방해가 된다. 우리는 흔히 우리 자신을 넘어선 어떤 것, 우리가 헌신할 수 있는 어떤 것, 우리가 그것을 위해 희생해도 될 어떤 목적을 지향해야 한다고 생각한다. 따라서 그와 같은 어떤 것은 바로 우리가 '역사적 사명'을 가지고 임해야 할 집단적인 것임에 틀림없다는 결론을 내린다. 그렇기 때문에 우리는 희생하라는 말을 들으며, 동시에 그렇게 하면 훌륭한 거래를 한 것이라고 확신한다. 우리는 희생의 결과 명예를 얻게 된다는 말을 자주 듣는다. 우리는 역사의 무대에 등장하는 영웅 즉 역사의 주역이 될 것이고, 작은 위험을 감수한 대가로 큰 보상을 얻게 된다는 것이다.

이것은 극소수의 사람들의 가치만 인정되고 평범한 사람들은 무시되는 시대의 미심쩍은 도덕률이며, 역사 교과서에 기록될 기회를 가진 정치적 귀족들이나 지적 귀족들의 도덕률이라 하지 않을 수 없다. 그것은 도저히 정의와 평등주의를 추구하는 사람들의 도덕률일 수 없다. 역사적 명성이란 정의로운 것일 수 없는 것이며 극소수의 사람들에게만 허락된 것이기 때문이다. 그들만큼 존귀한 무수한 사람들은 잊혀지게 될 것이다.

보다 고차원적인 보상은 후대에만 줄 수 있다는 윤리적인 교설이 눈앞의 보상을 찾으라고 가르치는 교설보다 어떤 면에서 조금 우월하리라는 것은 인정해야 할지도 모른다. 그러나 그 교설은 지금 우리에게 중요한 것이 아니다. 우리에게는 성공과 보상을 거부하는 윤리가 필요하다. 그리고 이런 윤리는 굳이 창안해 낼 필요도 없다. 그것은 새로운 것이 아니라 이미 기독교가 가르쳤던 윤리이다. 적으로 초창기의 기독교는 그랬다. 그것은 다시 우리 시대에 와서 산업에서의 협업과 학문 활동에서의 협력이 가르치는 바이기도 하다. 대행히도 낭만적인 역사주의적 명성의 도덕률은 이제 쇠퇴의 길에 접어든 것으로 보인다. 무명용사가 그것을 보여준다. 희생은 익명으로 이루어졌을 때 더 소중할 수 있다는 것을 우리는 깨닫기 시작했다. 우리의 윤리교육도 이 길을 따라야 한다.

우리는 자기의 일을 행하도록 배워야 한다. 우리가 자신을 희생할 때 는 그 일 자체를 위하여 하여야 하며 허구적인 '역사의 의미'에서 그 정당성을 찾으려 해서는 안 된다. 우리의 정당성은 우리이 일에서 즉 우리가 하고 있는 일 자체에서 찾아야 마땅하며 허구적인 '역사의 의미'에서 찾으려 해서는 안 된다.

K. Popper, 『열린사회와 그 적들』(1945).

『열린사회와 그 적들』이란 책에서 포퍼는 플라톤에서 마르크스에 이르기까지의 서구의 역사에서는 전체주의적인 역사관에 의해 자유와 평등에 기초한 개인주의가 억압되어 왔음을 지적한다. 그는 개인의 희생을 '역사의 의미'라고 미화하여 조장하는 전체주의는 평등과 정의에 기초한 열린사회의 적이라고 지적한다. 특히 포퍼는 이 책이 씌어질 무렵 전체주의로 기울어지는 마르크스주의의 위험을 경고하고자 했다.

이 제시문의 논지는 「인간의 정당성(또는 의미)은 '역사의 의미'에 있는 것이 아니라, 우리가 행하는 일 자체에 있다」는 것이다. 그리고 이 논지는 다음과 같은 두 가지 논지로 구분될 수 있을 것이다. (1) 희생을 포함한 인간 행위의 정당성을 보증해 주는 것은 '역사적 사명' 또는 '역사의 의미'가 아니다. (2) 인간의 정당성은 인간의 행위 자체에 있다. 이 논지를 전개하기에 앞서 제시문에 등장하는 중요한 개념들을 파악하는 것이 중요하다. 낭만주의, 전체주의, 「역사의 의미」 등이 그 개념들이다.

낭만주의는 18세기 말과 19세기 초에 유럽의 문학과 예술을 지배한 사조이다. 낭만주의(Romantik)란 말은 "로마어로"(in lingua romana) 기록된 작품에서 유래한 개념이다. 로마어로 기록된 작품은 이전의 일반적인 기록방식인 "라틴어로"(in lingua latina) 기록하는 방식과 대조를 이룬다. 인도게르만어의 한 부류로 구어체 라틴어(서민들이 사용하는 라틴어 또는 통속적인 라틴어)이다. 라틴어 자체는 문어체로 로마어가 아니라 이탈리아어이다. 라틴어를 문어체와 구어체로 나눌 때 로마어는 구어체 라틴어에 해당된다. 낭만주의란 구어체 라틴어로 작품을 쓰듯이 일반인들이 이해할 수 있는 방식으로 글을 쓰기 시작한데서 기원되었다고 볼 수 있다. 이전의 작품이 주로 이성을 강조한데 반해 낭만주의는 일상적인 개인의 감성을 중요시한다. 감성에 대한 강조가 당시의 철학사조인 독일 관념론 특히 셸링의 동일철학의 강한 영향을 받아 형성된 것이 낭만주의라 할 수 있겠다. 독일 관념론의 핵심적인 개념은 hen kai pan(하나이면서 전체)이다. "절대자"(das Unbedingte), "절대적 자아"(das absolute Ich), "정신"(der Geist) 등은 모두 이 hen kai pan을 표현하는 용어들이다. 셸링은 "절대적 동일성"(absolute Identität)이란 개념을 사용한다. 셸링의 철학적 관심사는 이 절대적 동일성을 직관하는 것이다. 이 절대적 동일성은 논리와 분석에 의해서 해명할 수 없다. 그것은 인식을 초월하는 직관에 의해서 파악할 수밖에 없다. 그 직관의 방식은 지성적 직관과 예술적 직관이다. 지성적 직관은 자아가 하나가 아니라 주관과 객관 즉 자아와 자연으로 분열됨을 직관하는 직관과, 그렇게 분열된 자아와 자연은 둘이 아니라 하나임을 직관하는 직관이다. 예술적 직관은 예술작품을 통해 "절대적 동일성"을 파악하는 작용이다. 지성적 직관은 구심적 즉 내부 지향적이고 예술적 직관은 원심적 즉 외부 지향적이다.

셸링이 절대적 동일자를 직관을 통해 파악하고자 했다면, 낭만주의는 "절대적 동일자"를 이율배반적인 인간의 감정 속에서 발견하고자 했다. 절대적인 것이 유한하고 모순적인 것 속에 은폐되어 있다는 것이다. 비합리적인 감정 속에서 절대적인 것을 찾고자 했다. 절대자는 Ironie 속에 숨어있으며 따라서 Ironie를 통해서만 표현될 수 있다는 것이다. 우리는 이를 romantische Ironie라 한다.

「역사의 의미」란 무엇을 말하는가? 의미란 두 종류로 구분된다. 하나는 객관적 의미(Bedeutung)이며, 다른 하나는 주관적 의미(Sinn)이다. 전자는 어떤 것을 다른 것이 아닌 바로 그것이게 하는 본질적인 성격을 말하며, 후자는 주체가 어떤 것을 말할 때 그를 통해 드러내고자 하는 지향점이다. 「역사의 의미」란 후자의 의미를 말하며 따라서 우리가 「역사」라고 말할 때 그 역사가 지향하는 목표를 가리킨다. 전체주의적 역사관에서 볼 때 「역사의 의미」는 전체성에 있다. 따라서 개인은 전체를 위해 희생하는 것이 역사적으로 의미 있는 행위이다.

첫 번째 논지는 다음과 같이 논증될 수 있다.

1. 「역사의 의미」 또는 「역사의 사명」은 전체주의적 세계관의 산물이다.
2. 전체주의적 세계관의 산물은 인간 행위의 정당성을 보증해 주지 않는다. 인간의 행위는 개인의 실존적 결단에 의존하는데 전체주의적 세계관에서는 개인의 실존적 결단이 중요하지 않기 때문이다.
3. 인간의 정당성을 보장해 주는 것은 허구적인 '역사의 의미'가 아니다.

두 번째 논지는 다음과 같이 구성될 수 있다.

1. 인간은 실존적 결단을 거쳐 행동한다. (인간의 실존적 결단은 인간의 행위 자체이다).
2. 인간의 행위의 정당성을 보증해 주는 것은 인간의 실존적

결단이다.

3. 인간의 행위에 정당성을 부여해 주는 것은 개체로서의 그의 행위 자체이다.

●아래의 글 (다)는 현대사회에서 전형적으로 나타나는 합리성이 잘 드러난 예이다. (가)와 (나)를 참조하여 (다)에 나타난 합리성이 갖는 특성을 설명하고, 현대사회의 합리성에 대하여 비판적으로 논술하라.

(가)

독일의 사회학자 베버는 서구 근대사회의 진행과정을 합리화의 과정으로 파악한다. 베버에게서 합리화는 두 가지 차원을 가진다. 하나는 문화적 합리화이다. 이 경우 합리하는 탈마술화, 즉 미신적 사고에서 벗어나 이성적인 사고가 확대되어 가는 것을 의미한다. 다른 하나는 사회적 합리화이다. 이것은 주어진 목적에 가장 적합한 수단을 선택하는 경향의 확대를 의미한다. 자본주의 경제 구조와 관료적 근대국가는 모두 이런 합리화의 결과이다. 합리화의 결과 근대사회에서는 자율적인 인간이 등장하고, 인간의 인간에 의한 직접적이고 자의적인 지배로부터 해방된 인간이 출현하게 된다. 그러나 합리화가 항상 긍정적인 측면만을 가지는 것은 아니다.

고등학교 교과서, 『사회 . 문화』

(나)

우리의 의지는 실제로 소망과 가치에 의해 이미 확정되어 있다. 그 의지가 어떤 수단을 선택하고 어떤 목표를 설정할 것인가 하는 측면에서 보다 상세하게 규정될 뿐이다. 관건이 되는 것은 자전거 수리이든 아니면 병의 치료이든 간에 오직 기술과 돈을 마련하는 전략이며, 휴가계획과 직업선택을 위한 기획이다. 예를 들면, 합리적 선택이론의 형태가 그것이다. "나는 무엇을 해야 할 것인가?"의 물음이 실용적 과제들과 관련될 경우에는 효율성의 관점에서 이루어지는 관찰과 연구, 비교와 계산이 적절하다.

J. Habermas, 『담론윤리의 해명』

(다)

맥도날드는 들어오는 것에서부터 나가는 것에 이르기까지 속도를 높이기 위한 모든 것을 갖추었다. 인접한 곳에 설치된 주차장은 고객이 차를 쉽게 댈 수 있도록 해준다. 계산대까지는 몇 발자국이 채 안 되며, 가끔 줄을 서기도 하지만 음식은 대체로 빨리 주문되고 전달되고 계산된다. 그리고 매우 제한된 메뉴는 먹는 사람의 선택을 쉽게 하여 다른 식당에서의 다양한 선택과 대조를 이룬다. 음식을 받으면 식탁까지 몇 걸음 걸어가서 곧바로 먹을 수 있다. 식사를 마치면 머뭇거릴 여지가 없기에 고객은 남은 휴지, 스티로폼, 플라스틱 쓰레기를 모아 가까운 휴지통에 버리고 자동차로 돌아가서는 다음 (대개의 경우 맥도날드화된) 장소로 이동한다.

근래에 패스트푸드점 경영자들은 이 모든 과정에 있어서 운전자용 창구의 설치가 보다 효율적이라는 것을 발견했다. 맥도날드는 최초의 운전자용 창구를 1975년 오클라호마 시에 설치했고, 4년 만에 전체 점포의 절반 정도에 설치했다. 주차하고 카운터까지 걸어가 줄을 서고 주문하고 계산하고 식탁으로 가서 먹은 후 쓰레기를 휴지통에 버려야 하는 번거롭ㅂ고 비효율적인 과정을 거치는 대신, 운전자용 창구에서는 고객이 창구에 차를 세우고 주문과 계산을 마친 후 음식을 받는 대로 다음 목적지로 향하게 된다. 보다 효율적이기를 원한다면 운전하면서 먹으면 된다. 운전자용 창구는 패스트푸드점의 입장에서도 효율적이다. 그것을 이용하는 사람들이 늘어날수록 주차공간, 식탁, 종업원의 필요성이 줄어들기 때문이다. 더욱이 고객이 쓰레기를 가지고 떠나기 때문에 별도의 쓰레기통을 설치하고 정기적으로 비우는 사람을 고용할 필요도 없다.

조지 리처드, 『맥도날드 그리고 맥도날드화』

생각해 보자

생각해 보자

생각해 보자

생각해 보자

지은이 오희천

충북 청풍에서 태어나 독일 쾰른 대학교에서 석사학위(철학, 교육학, 신학)를 받았으며, 같은 대학에서 하이데거에 관한 연구로 철학 박사 학위를 취득했다. 현재 서울 신학대학교에서 교양학부 교수로 재직중이다.

저서

『철학사상의 근본개념 I』(종문화사, 2007)
『형식논리와 논술』(종문화사, 2007)
『한 권으로 읽는 서양 철학』(종문화사, 2011)

옮긴책

『토마스 뮌처』(한국신학연구소, 1993)
『성경과 코란』(중심출판사, 2005)
『예수의 마지막 일주일』(중심출판사, 2007)
『헤르만 헤세 행복』(종문화사, 2009)

형식논리와 논술

초판인쇄 2007년 9월 5일 | **5쇄 발행** 2013년 3월 11일 **지은이** 오희천 | **펴낸이** 임용호 | **펴낸곳** 도서출판 종문화사 | **출판 등록** 1997년 4월 1일 제22-392 | **주소** 서울시 종로구 통의동 35-24 광업회관 3층 | 전화 (02) 735-6893 팩스 (02) 735-6892 | **E-mail** jongmhs@hanmail.net | **값** 12,000원 | ⓒ 2007, Jong Munhwasa printed in Korea | ISBN 978-89-87444-73-4 93100 | 잘못된 책은 바꾸어 드립니다.